CONTRATOS DE OBRAS PÚBLICAS
UMA VISÃO GERENCIAL

ANDRÉ KUHN

Tarcísio Gomes de Freitas
Prefácio

CONTRATOS DE OBRAS PÚBLICAS
UMA VISÃO GERENCIAL

1ª reimpressão

Belo Horizonte

FÓRUM
CONHECIMENTO JURÍDICO
2023

Conselho Editorial

FÓRUM
CONHECIMENTO JURÍDICO

Luís Cláudio Rodrigues Ferreira
Presidente e Editor

Coordenação editorial: Leonardo Eustáquio Siqueira Araújo
Aline Sobreira de Oliveira

Rua Paulo Ribeiro Bastos, 211 – Jardim Atlântico – CEP 31710-430
Belo Horizonte – Minas Gerais – Tel.: (31) 99412.0131
www.editoraforum.com.br – editoraforum@editoraforum.com.br

Técnica. Empenho. Zelo. Esses foram alguns dos cuidados aplicados na edição desta obra. No entanto, podem ocorrer erros de impressão, digitação ou mesmo restar alguma dúvida conceitual. Caso se constate algo assim, solicitamos a gentileza de nos comunicar através do *e-mail* editorial@editoraforum.com.br para que possamos esclarecer, no que couber. A sua contribuição é muito importante para mantermos a excelência editorial. A Editora Fórum agradece a sua contribuição.

Dados Internacionais de Catalogação na Publicação (CIP) de acordo com ISBD

K96c	Kuhn, André
	Contratos de obras públicas: uma visão gerencial / André Kuhn. 1. reimpressão. - Belo Horizonte : Fórum, 2022.
	190p. ; 14,5cm x 21,5cm.
	Inclui bibliografia.
	ISBN: 978-65-5518-349-8
	1. Direito Administrativo. 2. Gestão Pública. 3. Gestão de Custos. 4. Gestão de Contratos Públicos. 5. Gestão de Projetos. I. Título.
2022-718	CDD 341.3
	CDU 342.9

Elaborado por Odilio Hilario Moreira Junior - CRB-8/9949

Informação bibliográfica deste livro, conforme a NBR 6023:2018 da Associação Brasileira de Normas Técnicas (ABNT):

KUHN, André. *Contratos de obras públicas*: uma visão gerencial. 1. reimpr. Belo Horizonte: Fórum, 2022. 190p. ISBN 978-65-5518-349-8.

Dedico este livro a todos os companheiros de trabalho, chefes, pares e subordinados que, durante o tempo em que atuei na gestão de contratos públicos, contribuíram para minha constante aprendizagem.

Agradeço a Deus por iluminar meus caminhos e pelas oportunidades que me concedeu. Agradeço também à minha esposa Izabel Cristina, e aos meus filhos Caroline e Guilherme, que me acompanharam em todos os momentos, me incentivaram a vencer os desafios da vida e me inspiraram para materializar nesta obra a experiência adquirida nos mais de vinte e cinco anos de gestão pública.

LISTA DE ABREVIATURAS

ABC	–	*Activity Based Costing*
AVA	–	Análise de valor agregado
BDI	–	Bonificações e despesas indiretas
BNH	–	Banco Nacional de Habitação
CAU	–	Conselho de Arquitetura e Urbanismo
CD	–	Custo direto
CFTV	–	Circuito fechado de televisão
CI	–	Custo indireto
CLT	–	Consolidação das Leis do Trabalho
COFINS	–	Contribuição para o Financiamento da Seguridade Social
Confea	–	Conselho Federal de Engenharia e Agronomia
CPM	–	*Critical path method*
CR	–	Custo real
Crea	–	Conselho Regional de Engenharia e Agronomia
CSLL	–	Contribuição social sobre o lucro líquido
DNIT	–	Departamento Nacional de Infraestrutura de Transportes
DUR	–	Duração
EAP	–	Estrutura analítica de projeto
EAT	–	Estrutura analítica de trabalho
Fck	–	Resistência característica de concreto
FGTS	–	Fundo de Garantia por Tempo de Serviço
FGV	–	Fundação Getulio Vargas
FL	–	Folga livre
FT	–	Folga total
i	–	Taxa
I	–	Impostos
IBGE	–	Instituto Brasileiro de Geografia e Estatística
IL	–	Índice de lucratividade
IME	–	Instituto Militar de Engenharia
INCC	–	Índice nacional da construção civil
IPC	–	Índice de performance de custo
IPCA	–	Índice nacional de preços ao consumidor amplo
IPS	–	Índice de performance de prazo
IRPJ	–	Imposto de renda sobre pessoa jurídica
ISS	–	Imposto Sobre Serviço
ISSQN	–	Imposto Sobre Serviço de Qualquer Natureza
L	–	Lucro
NR	–	Norma regulamentadora
PDI	–	Primeira data de início
PDT	–	Primeira data de término

PERT	–	*Project evaluation and review technique*
PIS	–	Programa de Integração Social
PMBoK	–	*Project Management Body of Knowledge*
PV	–	Preço de venda
RDC	–	Regime diferenciado de contratações
RUP	–	Razão unitária de produção
SICRO	–	Sistema de Custos Referenciais de Obras
SINAPI	–	Sistema Nacional de Pesquisas de Custos e Índices da Construção Civil
TCPO	–	Tabela de Composições e Preços para Orçamentos
TCU	–	Tribunal de Contas da União
TIR	–	Taxa interna de retorno
TMA	–	Taxa mínima de atratividade
UDI	–	Última data de início
UDT	–	Última data de término
VA	–	Valor agregado
VC	–	Variação de custo
VFL	–	Valor futuro líquido
VLP	–	Valor presente líquido
VP	–	Valor presente
VP	–	Valor planejado
VS	–	Variação de prazo
WBS	–	*Work breakdown structure*

SUMÁRIO

Na experiência adquirida por anos na Administração Pública, observei que um servidor público bem capacitado tecnicamente é fundamental para o sucesso na gestão de contratos de obras e serviços de engenharia, mas somente essa preparação não é suficiente. Além de conhecer as disciplinas técnicas, o fiscal técnico, assim como gestor do contrato, deve saber analisar atrasos de cronogramas, reequilíbrios econômicos, acréscimos e supressões de serviços e seus impactos nas cláusulas que regem os contratos. Além disso, a relação contratual é regida por normas legais do Direito Administrativo, o que requer conhecimentos específicos sobre a aplicação da legislação vigente. Essa especificidade traz uma dificuldade maior, principalmente para aqueles que sempre atuaram em contratos privados.

A experiência e aprendizados no período que fui diretor executivo do DNIT despertaram minha compreensão para aspectos da gestão e fiscalização de obras que não dispunha quando trabalhei como auditor da Controladoria Geral da União. Como secretário do Programa de Parceria de Investimentos e Ministro da Infraestrutura consegui desenvolver uma visão estratégica e identificar os gargalos e caminhos para destravar a infraestrutura do Brasil. O investimento público e privado em grandes empreendimentos é fundamental para o país.

Sendo assim, o tema obras públicas é um assunto que exige um leque de conhecimentos por parte dos envolvidos: o técnico, fundamental para se ter obras de qualidade, dentro das normas e especificações; o gerencial, de forma a aplicar de maneira eficiente as ferramentas e processos gerenciais, garantindo a execução no prazo, com qualidade e dentro dos custos previstos; e o legal, para atender a legislação vigente dentro da interpretação dada pela doutrina e pela jurisprudência. Logo, para os que se prontificam a atuar em contratos públicos, seja do lado da Administração Pública ou da empresa contratada, aconselho a se aprofundarem nos temas propostos nesta obra.

Em relação aos conhecimentos gerenciais, algumas perguntas aparentam ser simples, porém, em muitos casos, difíceis de serem respondidas, tais como: qual o impacto das chuvas na data de conclusão da obra? Qual o percentual de obra executada até o presente momento?

Quanto custará o acréscimo de serviços pleiteado pela contratada? Quais são os principais riscos de uma obra? Como saber se a orçamentação da obra está adequada? A resposta a esses questionamentos exige o domínio de conceitos de orçamentação, riscos, análise de investimentos, redes de planejamento e análise de valor agregado, dentre outros, sendo que o coordenador do empreendimento, o diretor de uma autarquia, e até mesmo um Ministro de Estado precisam de informações precisas para tomadas de decisão, como determinar uma paralisação da obra ou alocar recursos financeiros adicionais para garantir a sua conclusão.

Porém, ao tomar uma decisão contratual, as justificativas técnicas e gerenciais podem inferir um acréscimo de valor contratual, ou uma dilação de cronograma de execução. Contudo, é importante avaliar se as alterações contratuais oriundas de uma análise técnico-gerencial são possíveis do ponto de vista legal. Cabe frisar que no Direito Administrativo o gestor só poderá agir se houver previsão legal para aquela ação, e muitas vezes a interpretação adotada para determinadas situações não é a literal, sendo importante conhecer a doutrina e a jurisprudência. Além disso, a interpretação legal evolui como passar do tempo, exigindo do gestor uma atualização constante, mesmo sem haver mudança da legislação. Outro fator fundamental para o sucesso nas contratações é estar alinhado com as decisões dos órgãos de controle. Para isso, uma prática salutar é buscar acórdãos e decisões dos tribunais de contas, para balizar e trazer maior conforto para os gestores.

Tive o prazer de conviver profissionalmente no DNIT com o autor da obra em um período em que o orçamento nominal da autarquia era mais de duas vezes o orçamento anual atual. Um exercício rápido para atualizar o orçamento da época para valores presentes mostra que André Kuhn e os demais profissionais daquele tempo viveram experiências e aprendizados únicos que serão compartilhados nessa obra e você poderá desfrutar.

Atualmente estamos vivendo uma transição da Lei nº 8.666/93 para a nova norma geral de licitações, a Lei nº 14.133/21, na qual foram inseridas inovações fruto de experiências adquiridas na aplicação do Regime Diferenciado de Contratações e da Lei das Estatais, como a contratação integrada e a semi-integrada, formas de disputa aberta e fechada, matriz de riscos, seguro-garantia, remuneração variável, inversão de fases no processo licitatório e outros mecanismos que trouxeram eficiência, mas sem perda de qualidade nas contratações. Com a vinda dessas inovações, surge o medo dos gestores de tomarem decisões em um ambiente novo, levando ao que muitos chamam de "apagão da caneta". Porém, a omissão também gera responsabilização do gestor, cabendo a ele se preparar para as constantes mudanças que ocorrem na gestão pública. Para isso, deve estar sempre se atualizando e baseando suas ações à luz da legislação vigente, dentro das boas práticas técnicas e gerenciais. Como forma de se prevenir, é essencial que o gestor registre seus atos, e as respectivas justificativas, devidamente dentro do processo administrativo. É comum auditorias ocorrerem posteriormente aos fatos investigados, e o auditor se basear no que está registrado nos processos para tirar suas conclusões. Logo, além de dominar os conhecimentos técnicos, gerenciais e legais, saiba escrever bem, pois não basta tomar boas decisões, elas também devem estar bem fundamentadas.

Como último conselho, aproveite bem os conhecimentos apresentados nesta obra. Ela representa mais de vinte e cinco anos de experiência do autor em gestão de contratos, e na área de gestão pública não se arrisque em aprender com seus próprios erros, pois pode sair muito caro no final. Aproveite e utilize essa obra como livro de consulta enquanto for gestor ou decisor sobre obras públicas.

Tarcísio Gomes de Freitas
Ministro de Estado da Infraestrutura

1.1 Introdução

A questão dos problemas em obras públicas no Brasil é um tema polêmico, pois tem afetado diretamente o desenvolvimento do país e gerado insatisfação na sociedade. Muitos empreendimentos esbarram na burocracia e nas barreiras administrativas e legais, em que o prazo, o custo e a qualidade não são atendidos na maioria dos casos, e uma obra concluída conforme planejada pode ser considerada uma exceção à regra.

O modelo licitatório adotado no Brasil difere pouco em relação a outros países, porém, a interpretação dada às normas vigentes, cada vez mais restritiva, tem causado preocupação nos licitantes e medo nos gestores públicos. Parte-se do princípio de que todos são desonestos e a solução proposta para resolver esse problema é o engessamento dos processos. O que se observa é justamente o contrário, o rito do processo licitatório não tem proporcionado uma diminuição de fraudes em licitações, e sim o consequente aumento de obras inacabadas e superfaturadas.

Nesse cenário de contratação de obras públicas, a gestão de pleitos contratuais é sempre tratada com ressalvas e preocupações, dada a dificuldade das empresas contratadas em elaborá-la de forma consistente, como também no despreparo de gestores públicos ao analisarem os documentos apresentados pela contratada.

Muitas vezes a empresa construtora tem direito a um acréscimo de valor contratual, ou à dilação do prazo de execução. Porém, ao apresentar suas argumentações, não consegue separar os motivos justificáveis de suas falhas gerenciais, levando a empresa a ter prejuízos indevidos.

Por outro lado, os gestores públicos não sabem o que cobrar de documentos da contratada para uma perfeita análise e, quando recebe tal documentação, não possui preparo técnico, legal e gerencial para julgar se o pleito é pertinente ou se o que foi quantificado pela contratada está correto. Isso se dá pelo medo em responder a processos disciplinares por, supostamente, poder gerar algum prejuízo à Administração Pública.

Tal medo não se justifica, sendo que o gestor está sujeito ao mesmo processo administrativo, caso o pleito seja negado indevidamente e a contratada tenha êxito na esfera judicial.

1.2 A importância dos conceitos legais

Empresas construtoras, principalmente as habituadas a contratos privados, têm dificuldades em se adaptar às regras impostas pela legislação vigente na gestão dos contratos públicos. E são vários os motivos que levam a essas dificuldades, sendo que o desconhecimento da legislação vigente e dos princípios básicos que norteiam o processo licitatório pode ser considerado como o principal.

Por outro lado, o gestor público tem dificuldade em adotar certos procedimentos na gestão do contrato devido também a interpretações erradas da lei aliadas ao medo de responsabilização por decisões inadequadas, sendo, na maioria dos casos, decidido de forma conservadora quanto à concordância de acréscimos de valores contratuais e dilações de prazo de execução.

Essas dificuldades se dão devido à tendência dos leigos, ao estudar a legislação vigente, em considerar a interpretação literal, como se a lei fosse um manual técnico, no qual todos os procedimentos são descritos passo a passo. Na verdade, a aplicação da lei deve ser acompanhada dos estudos da doutrina e da jurisprudência. Além disso, as pessoas que atuam em contratos públicos devem se manter atualizadas em relação às decisões e acórdãos dos órgãos de controle. Na esfera federal, o Tribunal de Contas da União – TCU – norteia a interpretação dos fatos, cujas decisões comumente são seguidas pelos demais órgãos de controle.

Apesar das decisões do TCU serem administrativas, podendo ser questionadas judicialmente, os gestores públicos se baseiam nelas para suas tomadas de decisão, mesmo sendo tecnicamente discutíveis. Isto ocorre porque, caso o servidor público contrarie uma decisão do TCU na análise de um pleito contratual, ele arcará com os custos jurídicos para se defender, não podendo utilizar a estrutura jurídica de seu órgão para tal. Nesses casos, cabe à contratada, quando tem seu pleito negado, organizar todas suas justificativas e respostas, e questionar a decisão desfavorável na justiça, o que é demorado, oneroso e com grande risco de insucesso.

Caso o gestor não encontre suporte na doutrina, na jurisprudência ou nas decisões dos órgãos de controle para agir de acordo com a lei, a sua decisão perante um pleito deve ser tomada, caso contrário poderá responder por omissão. Nessas situações ele deve se basear nos princípios básicos, que necessitam ser explicitados em suas justificativas contidas no processo.

Cabe ressaltar que os princípios básicos não possuem uma hierarquia na sua aplicação em situações reais, cabendo ao gestor muitas vezes buscar a doutrina para sua perfeita aplicação. Sendo assim, ele deve tomar suas decisões de acordo com esses princípios que regem as licitações e contratos públicos: da legalidade, da impessoalidade, da moralidade, da publicidade, da eficiência, da supremacia do interesse público, da probidade administrativa, da igualdade, do planejamento, da transparência, da eficácia, da segregação de funções, da motivação, da vinculação ao edital, do julgamento objetivo, da segurança jurídica, da razoabilidade, da competitividade, da proporcionalidade, da celeridade, da economicidade e do desenvolvimento nacional sustentável.

Esses princípios devem ser bem conhecidos também pelos contratados, pois servirão de sustentação às justificativas técnicas e gerenciais adotadas na documentação gerada nos seus pleitos contratuais.

1.3 Os cuidados começam no edital de licitação

Dentre os princípios básicos, o mais citado em recursos e pedidos de impugnação de editais é o da igualdade. Para evitar ferir esse princípio, é importante que o responsável pela elaboração do edital e seus anexos não inclua nenhuma exigência sem o respectivo respaldo legal. Na área de engenharia a questão envolve, além do conhecimento legal, questões técnicas e gerenciais para a elaboração de um bom edital.

Um exemplo hipotético comum de não atendimento do princípio da igualdade é a questão do prazo de execução tecnicamente inviável de um serviço contratado, em que o fiscal concorda com a justificativa técnica de que o cronograma deve ser revisto, e aceita um aditivo contratual de dilação de prazo.

Apesar da comprovada inviabilidade técnica de se executar um contrato no prazo previsto, a situação retrata uma irregularidade, pois a interpretação é que o fiscal proporcionou uma vantagem indevida ao contratado. Se o prazo é considerado inviável, a empresa deveria ter se manifestado durante a divulgação do edital. Caso contrário, aceitou as condições impostas pela Administração. Nesse caso, o princípio da isonomia não é atendido, porque o prazo muito curto foi uma condição que afetou o custo e a decisão de outros licitantes em participar do processo licitatório.

Nessa situação, caso não seja apresentada nenhuma justificativa prevista em lei, caberá à Administração Pública apenar a contratada e rescindir o contrato, realizando em seguida um novo processo licitatório do remanescente, inserindo no projeto básico ou termo de referência um cronograma de execução ajustado.

O problema apresentado não se limita apenas a prazos inviáveis, mas também a qualquer alteração contratual que possa caracterizar vantagem indevida, como modificações de projeto, aumento e diminuição de quantitativos, e outros ajustes que venham a gerar ganhos indevidos à contratada.

Caso a empresa venha a realizar um pleito de alteração contratual, é importante destacar em suas justificativas que os princípios da isonomia e da vinculação ao instrumento convocatório foram preservados. Daí a importância de uma boa análise de edital antes de elaborar sua proposta, pois, caso haja alguma indefinição de projeto ou especificação que possa gerar pleitos futuros, uma boa estratégia é questionar a comissão de licitação, e futuramente usar a resposta dada no embasamento do pleito contratual.

1.4 A importância dos conhecimentos técnicos e gerenciais

Não basta apenas conhecer profundamente a legislação vigente, mas também os aspectos técnicos que envolvem o objeto do contrato e as boas práticas de gestão de projetos.

Quanto ao conhecimento técnico, a formação acadêmica dos responsáveis pela execução e fiscalização de obras são suficientes para atender os quesitos de qualidade, sendo que um engenheiro ou arquiteto, em pouco tempo de formado, adquire segurança suficiente para tomar decisões técnicas durante a execução da obra.

Entretanto, há uma lacuna na formação profissional relacionada à gestão de projetos, cujos conhecimentos são adquiridos em cursos de capacitação e pós-graduação. Dentre as áreas de conhecimento relacionadas à gestão de projetos, o gerenciamento de custos, escopo, tempo e risco são fundamentais para a realização de uma obra, e servirão de subsídio na elaboração de pleitos contratuais.

Considerando como exemplo um pleito de dilação de prazo de execução, o contratado, além de provar que o atraso não foi fruto de falha gerencial, a quantificação do atraso deve considerar o impacto nas atividades técnicas para mensurar o aumento de duração da atividade; e a análise de caminho crítico, para verificar o impacto na data de conclusão do objeto. Apesar da fiscalização não participar efetivamente do gerenciamento da obra, deve possuir bons conhecimentos técnicos e gerenciais, para que tenha competência para avaliar o pleito.

1.5 A proposta de trabalho

Os aspectos apresentados representam uma pequena parcela do conhecimento necessário a uma boa gestão contratual de obras públicas, buscando esclarecer pontos conflitantes entre fiscalização e construtora, sempre à luz das boas práticas e de acordo com a lei.

O papel do contratado é executar a obra no prazo acordado, dentro dos quesitos de qualidade definidos no edital e receber um valor justo pelo que foi executado, sendo a fiscalização responsável por garantir esses objetivos, atendendo aos interesses da Administração Pública. Qualquer situação que desequilibre esse tripé custo-prazo-qualidade deve ser tratada entre as partes de uma forma correta, para evitar responsabilizações futuras.

Sendo assim, a proposta deste livro é apresentar, de forma clara, com argumentações técnicas e gerenciais, e de acordo com a interpretação da legislação vigente, ferramentas e metodologias para ajudar na gestão de pleitos contratuais.

Para atender a esses objetivos, no segundo capítulo são apresentadas as melhores práticas de gestão de projetos relacionadas a escopo, prazo, custo e risco, além de ferramentas de controle de projetos. Esses conceitos são importantes para a elaboração consistente de justificativas relacionadas ao prazo e ao custo, principais fatores que envolvem os pleitos contratuais.

No terceiro capítulo são apresentados os principais aspectos do processo licitatório que afetam a contratação pública, cujos conhecimentos são básicos para quem elabora ou analisa pleitos em contratos públicos.

No quarto capítulo são tratados assuntos pertinentes ao gerenciamento de contratos segundo as melhores práticas de gestão, com ênfase nas técnicas de análise e solução de pleitos contratuais.

O quinto capítulo trata da apresentação de estudos de caso que envolvem situações corriqueiras no dia a dia de quem gerencia contratos públicos. Para o perfeito entendimento desses estudos de caso são necessários os conhecimentos apresentados nos demais capítulos.

CAPÍTULO II

FERRAMENTAS DE GESTÃO DE PROJETOS

2.1 Introdução à gestão de projetos

Para uma eficiente gestão de contratos, o conhecimento de gerenciamento de projetos é imprescindível, e alguns conceitos são importantes de serem conhecidos antes de se aprofundar nas ferramentas e processos gerenciais, a começar pela própria definição de projeto, que é um conjunto de atividades inter-relacionadas, que conduzem a um objetivo determinado, com início e término previamente definidos, atendendo-se às condições de prazo, custo, qualidade e risco (LIMMER, 1997). Sendo assim, projeto tem o sentido de empreendimento e, conforme a literatura existente, gerenciamento de projetos é a coordenação eficaz e eficiente de recursos de diferentes tipos, necessários para a obtenção de um produto final.

O adequado gerenciamento de projetos é fundamental para o sucesso de qualquer empreendimento, e diversas organizações buscam difundir as melhores práticas de gestão e, entre elas, a mais conhecida é o *Project Management Institute* – PMI, organização que congrega profissionais de gerenciamento de projetos que buscam desenvolver e divulgar conhecimentos que permitam aos gerentes de projetos aperfeiçoar seu trabalho.

Dentre as publicações do PMI, O PMBoK (*Um guia do conhecimento em gerenciamento de projetos*) contém um conjunto de conhecimentos do gerenciamento de projetos, que apresenta em dez *áreas* os conhecimentos necessários para gerenciar projetos. Sendo que, neste capítulo, serão abordadas as áreas que mais afetam a gestão de pleitos contratuais de obras públicas: escopo, prazo, custo e risco.

O planejamento permite definir uma organização para a execução do projeto, facilitando a tomada de decisões, a alocação eficiente de recursos e a integração e coordenação de esforços de todos para o sucesso do projeto, que significa entregar o produto no prazo acordado, com qualidade e dentro dos custos previstos, sendo o planejamento um referencial de controle durante a fase de execução.

Entretanto, um planejamento bem elaborado não significa que durante a execução do projeto tudo acontecerá exatamente como previsto. Caso isso ocorra, pare e faça uma auditoria, pois ou não foi feito planejamento, ou os relatórios de acompanhamento possuem informações falsas. Isto significa que, apesar do planejamento tentar representar da melhor forma possível eventos futuros, isso nunca ocorrerá, a não ser que o gerente de projeto tenha uma "bola de cristal". Tal afirmativa pode levar alguns a pensar erradamente que, como o projeto nunca será executado conforme planejado, qual o motivo de se planejar? Para melhor responder a esse questionamento pode-se adotar a seguinte situação hipotética: o seu chefe marcou uma reunião com a equipe na parte da tarde e você chegou às 15h. Você está atrasado ou adiantado? A resposta vem com outra pergunta: Qual o horário marcado? Se a reunião foi marcada para às 14h, você está atrasado, se foi marcada para às 16h, você está adiantado. Logo, sem um referencial, não se mede o atraso ou o adiantamento de atividades.

Essa é a base do gerenciamento: o gerente só consegue controlar se houver um referencial, seja para o tempo ou para o custo. Daí a importância de se fazer um cronograma e um orçamento o mais confiável possível, baseado em premissas consideradas verdadeiras na fase de planejamento. Desse modo, mede-se a defasagem entre o planejado e o realizado e tomam-se as decisões necessárias, aumentando a quantidade de pessoal e equipamento para eliminar um atraso, ou uma negociação com fornecedores para compensar uma situação deficitária.

O planejamento é algo que todos fazem de forma intuitiva, seja para adquirir um imóvel próprio ou organizar uma viagem. Porém, os fracassos mais comuns se atribuem à inexistência de planos formais, falta de confiança no plano elaborado e limitações do gerente, além de outros, sendo que a tendência de muitos é fugir do planejamento, pois é mais fácil dirigir rotinas do que realizar o esforço de investir em projetos formais. Desse modo, as causas do fracasso estão diretamente relacionadas ao desconhecimento ou mau uso das técnicas de gerenciamento.

2.2 Gerenciamento de escopo

Segundo o PMBoK (PMI, 2017), a gerência do escopo do projeto engloba todos os processos de gerenciamento requeridos para que se tenha a certeza de que a equipe de projeto realize todo e qualquer trabalho necessário para o sucesso do projeto.

Cabe destacar a diferença entre escopo de produto e escopo de projeto. O escopo de produto está relacionado ao conjunto de características que o produto deverá atender ao final do projeto. Já o escopo do projeto engloba todo o trabalho necessário para se produzir o produto final, cujos requisitos devem constar no plano do projeto.

Para se definir o escopo do projeto adota-se uma ferramenta gerencial que é a elaboração da estrutura analítica de projeto (EAP), também conhecida como estrutura analítica de trabalho (EAT) ou, pela sigla em inglês WBS (*work breakdown structure*). A EAP consiste na elaboração da relação de todas as atividades necessárias, e somente elas, para a conclusão do projeto. Logo, qualquer trabalho ou atividade a ser desenvolvida deve estar representada na EAP.

2.2.1 Como definir uma estrutura analítica de projetos – EAP

Na definição da EAP, as atividades são representadas em níveis e subníveis, sendo subdivididas até se chegar em um pacote de trabalho. Esses elementos devem ser: mensuráveis, para que o progresso do projeto possa ser medido; gerenciáveis, com definição clara de responsáveis por cada tarefa; e integráveis, para que se possa determinar a relação de dependência entre as atividades. Deste modo, a EAP é a principal entrada nos processos de planejamento de tempo e custo, e uma ferramenta de apoio efetivo durante toda a execução do projeto, com os seguintes objetivos:

– Controle de execução: cada elemento da EAP é um elemento do projeto, logo, a execução de cada atividade representa a execução de uma parte do projeto, permitindo a mensuração do que foi executado até o momento;

– Matriz de responsabilidades: facilita a designação do responsável por cada parcela do projeto, o que facilita o controle as ações corretivas e a rastreabilidade das informações;

– Alocação de recursos: como uma atividade é composta de recursos (material, mão de obra e equipamento), a adequada decomposição dela permite definir quais recursos são necessários para executá-la e suas respectivas quantidades;

– Cronogramas: se a atividade é mensurável, pode-se definir a duração dela, o que permite, junto com a relação de dependência com outras atividades, a elaboração do cronograma de execução;

– Orçamento: com a quantidade de recursos de cada pacote de trabalho, associado ao cronograma de execução, o custo dessa atividade é definido. A soma dos custos de cada atividade é custo do projeto.

Além desses objetivos, outros processos no gerenciamento são beneficiados com a elaboração de uma EAP adequada, tais como análise de riscos, controle de mudanças de escopo, estrutura organizacional e outros. Pode-se afirmar que a elaboração da EAP é um dos principais fatores de sucesso do projeto, logo requer maior cuidado na sua elaboração. Uma dificuldade encontrada é de onde partir para sua elaboração, e até onde se subdivide as atividades, para se garantir que elas sejam mensuráveis, gerenciáveis e integráveis.

Para ilustrar o processo de elaboração de uma EAP, pode ser adotado como exemplo a construção de um prédio. O ponto de partida é o ciclo de vida desse empreendimento:

1. Instalação do canteiro;
2. Escavações;
3. Fundações;
4. Estruturas;
5. Paredes;
6. Instalações;
7. Revestimentos;
8. Acabamentos;
9. Limpeza.

A partir do ciclo de vida as atividades de nível superior, chamadas de atividades resumo, são subdivididas até se atingir o pacote de trabalho. Como exemplo será feito esse processo na atividade resumo paredes, que podem ser subdivididas em:

5. Paredes
  5.1. Paredes de tijolos
  5.2. Paredes de madeira
  5.3. Paredes de gesso

Com esta subdivisão ainda não é possível caracterizar os pacotes de trabalho, pois pode-se ter paredes de tijolos de 15 cm ou de 25 cm de espessura. Continuando a subdivisão com a parede de tijolos, tem-se:

5. Paredes
   5.1. Paredes de tijolos
      5.1.1. Paredes de tijolos de 15 cm de espessura
      5.1.2. Paredes de tijolos de 25 cm de espessura

Para se verificar se a atividade "paredes de tijolos" atingiu um pacote de trabalho, deve-se observar se a atividade é mensurável, o que é possível de ser constatado, pois uma parede de tijolos de 15 cm de espessura possui uma unidade de medida (m^2), cujos recursos são bem definidos por essa unidade, pois em um metro quadrado de parede de 15 cm de espessura é possível quantificar todos os recursos necessários à sua execução (tijolos, argamassa, horas de pedreiro e servente).

Observa-se que, para a finalidade de orçamentação, o nível da EAP pode ser considerado adequado. Contudo, como entrada do processo de elaboração do cronograma, para se verificar se esse pacote de trabalho é gerenciável e integrável, deve ser constatado se é possível, no nível apresentado, inter-relacionar esse pacote com outras atividades. Por exemplo: se o prédio possui 5 pavimentos, e ele foi planejado para que as paredes sejam executadas em conjunto com a execução da estrutura de concreto, ainda não se tem um pacote de trabalho, pois deve-se subdividir em mais um nível:

5. Paredes
   5.1. Paredes de tijolos
      5.1.1. Paredes de tijolos de 15 cm de espessura
         5.1.1.1. Paredes de tijolos de 15 cm – 1º pavimento
         5.1.1.2. Paredes de tijolos de 15 cm – 2º pavimento
         5.1.1.3. Paredes de tijolos de 15 cm – 3º pavimento
         5.1.1.4. Paredes de tijolos de 15 cm – 4º pavimento
         5.1.1.5. Paredes de tijolos de 15 cm – 5º pavimento

Com essa subdivisão pode-se relacionar cada parede de 15 cm de um pavimento com a estrutura do respectivo andar: as paredes de tijolos de 15 cm do 1º pavimento serão executadas após a conclusão da desforma da estrutura do 1º pavimento. Além disso, se torna simples definir qual será a equipe responsável pela execução das paredes do respectivo pavimento.

Caso a subdivisão ainda seja necessária, como por exemplo o pacote de trabalho ser definido por sala ou setor de pavimento, esse processo deve continuar, até que todas as atividades do último nível da EAP sejam mensuráveis, gerenciáveis e integráveis. Observa-se que a elaboração da EAP exige profundo conhecimento sobre o negócio do projeto e de gerenciamento de projetos, muitas vezes sendo necessário uma equipe de especialistas para definir, além das atividades, até onde ir com as subdivisões.

Cabe ressaltar que não há uma solução única para elaboração da EAP, mas esse processo é iterativo e requer tempo e calma. Caso seja mal elaborado, os sinais aparecem na confecção do orçamento e do cronograma, e, na pior das hipóteses, durante a execução da obra. A verificação de erro de EAP na fase de execução certamente irá causar impactos negativos no prazo e nos custos da obra, cabendo uma análise para diagnosticar as causas e os responsáveis. Se for por falha gerencial da contratada, não cabe aditivos contratuais.

2.2.2 O gerenciamento do escopo e o controle de suas alterações

O plano de gerenciamento do escopo, além de conter a descrição de como o projeto deve ser gerenciado, busca definir como as mudanças devem ser incorporadas ao projeto durante sua execução. Dessa forma, os registros da avaliação da estabilidade do escopo e da descrição de como as alterações de escopo vão ser identificadas e classificadas devem estar contidas no planejamento.

No universo de processos que envolvem um projeto, o gerenciamento das alterações do escopo é um dos mais sensíveis, pois afeta diretamente os custos e o prazo de execução. Daí a necessidade de se documentar todas as alterações, suas respectivas autorizações, os responsáveis e os impactos causados no empreendimento. Tudo isso servirá de subsídio para elaboração e justificativa de pleitos contratuais, ou tomada de decisões para ajustes no planejamento e na execução.

Logo, para garantir uma boa gestão, a organização deve definir uma política de gerenciamento de alterações que englobe o processo de solicitação; o processo de análise dos impactos das mudanças e informações de rastreabilidade associadas; e o grupo da organização que avalia formalmente as solicitações de alteração. É importante destacar que, em um contrato de uma obra, um dos documentos adotados como registros de mudança de escopo é o diário de obras que, junto com outras informações, respalda possíveis aditivos contratuais.

Como exemplo desse processo, é recomendável seguir alguns passos:

1. Uma necessidade de alteração de escopo é identificada e algumas alterações são propostas;

2. As alterações são analisadas para verificação dos impactos no prazo, no custo e em outros requisitos;

3. O escopo do projeto é corrigido, gerando uma nova versão do planejamento.

No caso de contratos de obras públicas, as mudanças de escopo que necessitam de alteração contratual devem ser pleiteadas à fiscalização e respondidas formalmente, mediante documentos usuais na troca de informações entre contratante e contratado, tais como atas de reunião, ofícios ou registros no diário de obras. Os impactos de custo, caso não justifiquem um acréscimo de valor no contrato, são absorvidos pela contratada. Porém, um problema maior são os impactos de prazo de conclusão, que também só são aceitos pela fiscalização havendo respaldo legal. Caso contrário, a contratada fica sujeita a custos adicionais pelo acréscimo de recursos para compensar o atraso e de multas contratuais, que não podem ser negociadas.

Além de facilitar a elaboração de pleitos contratuais, o gerenciamento de alteração de escopo é uma fonte valiosa de informações para empreendimentos futuros, que, devidamente tratados, permitem estudos de viabilidade mais precisos e ajustes na composição de custos e alocação de recursos, dentre outros benefícios. Para isso, deve ser garantida a rastreabilidade e confiabilidade das informações, mediante adoção de formulários acessíveis, banco de dados confiáveis e processos mapeados.

2.2.3 Outros elementos do gerenciamento do escopo

Ao definir o escopo de um projeto, o gerente deve incluir a descrição do produto, junto com as premissas e restrições. Em obras públicas, o escopo do produto é definido no documento denominado projeto básico, anexo obrigatório em toda licitação pública de obras e serviços de engenharia, exceto em contratações integradas, em que é definido por um anteprojeto. Nos capítulos seguintes será dada ênfase à importância desse documento no processo licitatório e de contratação, sendo essencial que o licitante entenda bem o que está sendo solicitado, pois falhas de projeto nem sempre são justificativas de pleitos para acréscimo de serviços e dilação de prazos de execução.

Segundo o PMBOK (PMI, 2017), "premissas são fatores associados ao escopo do projeto que, para fins de planejamento, são assumidos como verdadeiros, reais ou certos, sem a necessidade de prova ou demonstração". Como exemplo, hipoteticamente, determinada empresa construtora considera, ao elaborar o orçamento de uma proposta para participar de licitação, que terá condições de executar toda a obra sem subcontratações. Porém, durante a execução da obra, essa premissa poderá não ser atendida devido a outros acontecimentos imprevistos. Nesse caso, a não confirmação da premissa gera impactos de prazo e/ou custos com a subcontratação. Assim, a contratada só terá direito a aditivo contratual caso comprove que o aumento de custos, baseado na legislação, não é fruto de um risco da contratada.

Logo, é importante que o gerente do empreendimento, antes da elaboração de sua proposta, defina as premissas acreditando que elas efetivamente ocorrerão, caso contrário irá apresentar um orçamento inviável, e sem expectativas de compensações mediante aditivos contratuais. Como o gerente não tem condições de garantir, de forma absoluta, que as premissas realmente ocorrerão, esses eventos desfavoráveis devem ser tratados no gerenciamento dos riscos do projeto.

Outra informação importante no gerenciamento do escopo é o registro das restrições, que são os limites definidos para o projeto, e que limitam as opções da equipe. Exemplificando, as restrições podem ser: de recursos – impedimento de contratar pessoal fora da empresa; de tecnologia – adotar processos construtivos com uso de equipamentos próprios da construtora; de orçamento – o custo final não poderá consumir a parcela de lucro prevista no preço; e de data – a obra não poderá ser entregue fora do prazo acordado.

2.2.4 Benefícios para o projeto

O conhecimento adequado do escopo, com aplicação das boas técnicas de gestão de projetos, permite garantir o sucesso do empreendimento, que é executar a obra no prazo, custo e qualidade acordados. Caso o gerente não conheça o escopo do que foi contratado, a obra não será bem orçada e o prazo de execução poderá ser subestimado, o que leva, muitas vezes, a uma compensação na parte do projeto que não deveria ser "ajustado": a qualidade.

2.3 Gerenciamento do tempo

O tempo é considerado um recurso do projeto que, ao ser perdido, nunca poderá ser reposto. Sendo assim, o planejamento e controle do tempo são fundamentais para o sucesso do empreendimento, e para isso o seu gerenciamento deve conter: a definição de um cronograma de referência, que serve de base para o acompanhamento e medição da execução das atividades; os critérios e a periodicidade de avaliação do avanço do projeto, além da forma de tratar suas alterações; os processos de ajustes de cronograma, com a formalização e aprovação das alterações necessárias; e o plano de comunicação de alterações, para que todos os envolvidos no gerenciamento tenham conhecimentos dessas modificações.

No caso da gestão de obras públicas, a análise crítica do cronograma apresentado no edital de licitações é importante para o estudo da viabilidade de sua execução. Prazos inviáveis podem ser considerados fortes indícios de direcionamento da licitação, ou a certeza de problemas de pleitos contratuais indevidos durante sua execução. Isso devido ao fato de que só é possível aceitar aditivos de dilação de prazo com justificativas previstas em lei, e a concessão desse aditivo sem esse respaldo, além de contrariar a legislação vigente, fere o princípio da isonomia, pois a contratada passaria a ter uma vantagem indevida, não prevista no edital de licitação.

2.3.1 A elaboração do cronograma

O objetivo do gerenciamento do tempo é assegurar a execução do projeto dentro do prazo acordado, e o primeiro passo é a definição de todas as atividades necessárias para sua execução. Sendo assim, a EAP é a principal entrada do processo de elaboração do cronograma.

Além das atividades, deve-se definir a relação de dependência entre elas e suas respectivas durações. Com essas informações é possível construir a rede de planejamento, sendo a base para a definição do cronograma de execução e que pode ser apresentada em forma de diagrama de rede em setas ou em nós. Com as ferramentas informatizadas[1] disponíveis no mercado, o processo é simplificado, pois, ao se inserirem as atividades, durações e relações de dependência, a rede de planejamento é construída automaticamente pela ferramenta. É importante frisar que não basta conhecer os comandos dos programas existentes para elaboração de cronogramas, sendo essencial o conhecimento das boas práticas e o uso correto das ferramentas gerenciais, e adotar esses programas para otimizar um trabalho braçal, não deixando para o computador a tomada de decisões gerenciais.

---

[1] O MS-Project, o Arena e o Primavera são algumas das ferramentas informatizadas disponíveis no mercado, sendo a primeira a mais difundida em gerenciamento de projetos.

2.3.2 A duração das atividades

Para se obter a duração das atividades há dois métodos usuais: a PERT e a CPM. O PERT, sigla do termo em inglês *"Project Evaluation and Review Technique"*, é um método probabilístico de estimativa de duração de atividades desenvolvido pela NASA durante a elaboração de um de seus programas espaciais. Nesse método, o tempo estimado equivale à média ponderada dos valores otimista, pessimista e o mais provável de uma atividade, muito usual em situações em que não há um tratamento matemático às produtividades apropriadas no passado, em projetos semelhantes.

O CPM, da sigla de outro termo em inglês *"Critical Path Method"*, é um método determinístico, baseado na duração mais provável de atividades já realizadas em projetos anteriores semelhantes. Esse método é usual em obras e serviços de engenharia, ao se adotar a composição de custos unitários e a formação de equipes para a definição da duração de determinada atividade. No caso de obras, é importante que a empresa construtora tenha um sistema de apropriação de custos, cujos dados levantados sirvam de subsídio para definição das produtividades em cada serviço. Na prática, os dois métodos se fundem em um só: PERT/CPM, no qual algumas das atividades são definidas de forma probabilística e outras de forma determinística.

Outro método utilizado para estimativa de duração de atividades é a simulação, adotando-se, por exemplo, o método de Monte Carlo para determinar uma curva entre a probabilidade de ocorrência e a duração das atividades de um projeto. Na simulação obtém-se uma distribuição estatística dos resultados calculados com cada alteração de duração de atividade. Apesar de pouco aplicado em obras, há um estudo de caso de sucesso dessa técnica no planejamento da execução da obra de terraplenagem do Terminal de Passageiros III do Aeroporto de Guarulhos, executada pelo Exército Brasileiro.[2]

2.3.3 A relação de dependência entre atividades

A relação de dependência entre atividades permite determinar o início ou término de determinada atividade de acordo com o início ou

---

[2]   Coube ao Departamento de Engenharia e Construção do Exército Brasileiro o planejamento, gerenciamento, controle técnico e fiscalização desse empreendimento. Para tanto, foi criado o Destacamento Guarulhos, com militares de organizações militares de todo o país. O planejamento da obra foi precedido de uma simulação, com o software "Arena".

término de outras. O conhecimento dessas dependências é fundamental para a construção da rede de planejamento, podendo ser classificadas em:

- Obrigatórias – ou mandatórias, são as que dependem, na natureza do trabalho, de cada atividade, e que não podem ser alteradas por força disso. Como exemplo tem-se a colocação das telhas de uma cobertura, que para iniciar depende do término da conclusão de sua estrutura. O início da colocação das telhas antes do fim da estrutura é inviável tecnicamente, o que torna a relação de dependência, inicialmente apresentada, obrigatória.
- Externas – são as relações de dependência com atividades externas ao projeto, nas quais o gerente não tem poder de atuação. Para a exploração de uma jazida de solo é necessário o respectivo licenciamento ambiental, sendo assim, não se pode retirar o material necessário para a terraplenagem sem esse licenciamento, cujo gestor da obra não tem ingerência sobre o órgão licenciador. Nesse caso, não se pode começar a terraplenagem sem antes obter-se a licença, e qualquer antecipação de cronograma se torna ineficaz devido à essa restrição.
- Arbitradas – são aquelas definidas pela gerência do projeto, podendo ser ajustadas conforme a experiência da equipe de planejamento, devido a alguma conveniência. Por exemplo, pode-se iniciar a pintura das paredes de uma obra após a conclusão de todo o reboco, mas para otimizar o prazo de conclusão, não há impedimento técnico de executar a pintura e o reboco em paralelo, desde que respeitada uma defasagem entre o início de cada atividade.

Além disso, a relação entre as atividades pode ser classificada de acordo com o vínculo entre os eventos de início e término de cada uma delas:

- Relação término-início – a atividade em análise deve iniciar após o término de sua predecessora.
- Relação término-término – a atividade em análise deve terminar junto com sua predecessora.
- Relação início-início – a atividade em análise deve iniciar junto com sua predecessora.
- Relação início-término – a atividade em análise deve terminar após o início de sua predecessora. Essa relação não é usual e, na maioria das vezes pode ser substituída por uma relação término-início, simplesmente considerando a predecessora como sucessora da atividade em análise.

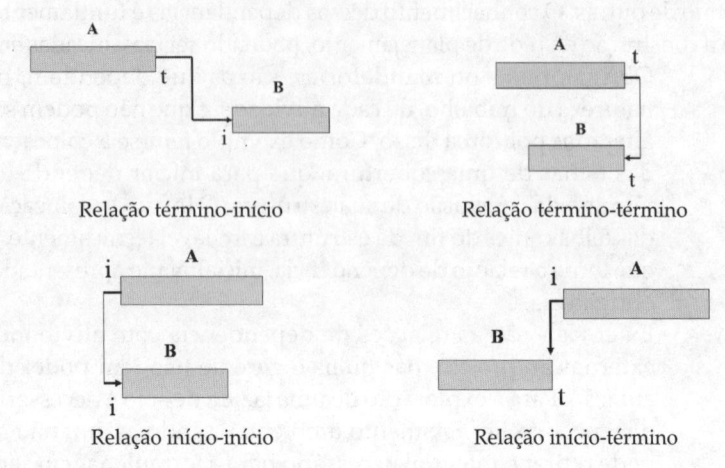

Fonte: do autor

A adoção das relações término-término e início-início são utilizadas para definir um paralelismo entre atividades. Entretanto, deve-se tomar cuidado para que não ocorra "absurdos" gerencias. Supondo que o gerente defina que a pintura, cuja duração é de duas semanas, deva ocorrer em paralelo com o reboco, que dura uma semana. Qual relação será a forma adequada para definir um paralelismo entre elas? No caso apresentado deve-se adotar a relação início-início, pois a pintura tem uma duração maior do que a do reboco. Se a relação fosse término-término, a pintura iniciaria uma semana antes de se ter alguma parede rebocada. Caso a pintura tenha uma duração de uma semana e o reboco de duas, a relação correta seria término-término. Esse é um dos motivos por que não se deve sobrecarregar o planejamento com relações término-término e início-início, pois qualquer ajuste de equipes pode tornar o planejamento inicial errado.

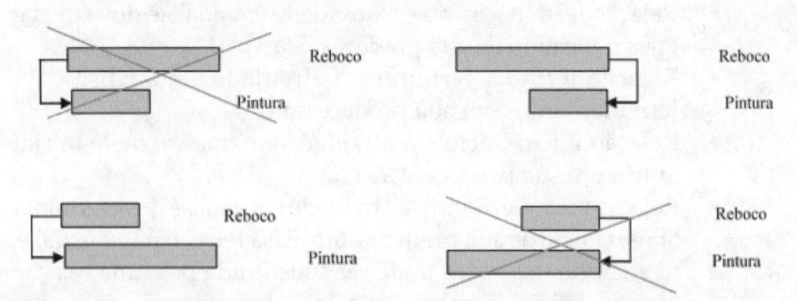

Fonte: do autor

Entretanto, para a elaboração de uma rede de planejamento e, consequentemente, um cronograma de execução, alguns conceitos são necessários para o perfeito entendimento da aplicação das ferramentas de gerenciamento do tempo, tais como caminho crítico e folgas.

2.3.4 Caminho crítico e folgas das atividades

O caminho crítico é a sequência de atividades, do início ao fim do projeto, que possui as menores folgas dentre todos os caminhos possíveis. Alguns livros consideram que o caminho crítico é aquele que possui todas as suas atividades com folga total zero, o que é uma informação imprecisa, sendo que os exemplos a serem apresentados a seguir irão esclarecer melhor esse conceito. Mas, para isso, outros conceitos devem também ser estudados.

De acordo com Limmer (1997), os conceitos a seguir são básicos para se elaborar um cronograma:

- Primeira Data de Início (PDI): é a data na qual uma atividade poderá ser iniciada, cumpridas todas as atividades que lhe sejam antecessoras.
- Primeira Data de Término (PDT): é a data de término de uma atividade iniciada na PDI e cuja duração prevista tenha sido obedecida.
- Última Data de Término (UDT): é a data limite na qual uma atividade deverá ser terminada a fim de não atrasar o término do projeto.
- Última Data de Início (UDI): é a data limite na qual uma atividade tem que ser iniciada para terminar na UDT.
- Tempo Disponível (TD): é o tempo máximo previsto para a realização de uma atividade, e equivale à diferença entre a PDI e a UDT dessa atividade.
- Folga Total (FT): é o tempo que uma atividade pode atrasar sem afetar o final do projeto. A folga total é a diferença entre UDI e PDI, ou UDT e PDT.
- Folga Livre (FL): é o tempo que uma atividade pode atrasar sem afetar a Primeira Data de Início (PDI) de qualquer atividade imediatamente sucessora à atividade em análise.

Apesar das definições serem precisas, muitos têm dificuldades em visualizar e entender esses conceitos. Para melhor compreender o significado de cada um, o desenho abaixo ilustra uma atividade com três dias de duração, e com um tempo disponível de dez dias para execução.

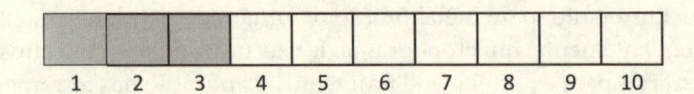

Observa-se que primeira data de início (PDI) da atividade é o dia 1. Caso ela inicie na PDI e a execução ocorra conforme duração prevista, a primeira data de término (PDT) é o dia 3. O gerente pode iniciar a atividade em qualquer dia entre os dias 1 e 8 sem atrasar a data de conclusão do projeto. Sendo assim, o dia 8 é a última data de início (UDI) da atividade e, caso a atividade seja executada na duração prevista, a última data de término (UDT) é a data 10. Sendo assim, a diferença entre o tempo disponível (TD) e a duração é a folga total (FT) da atividade: sete dias (10 - 3 = 7).

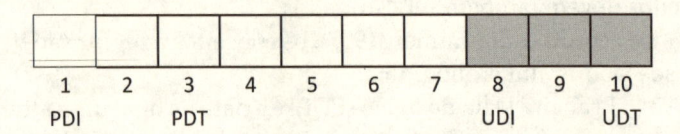

Entretanto, o que leva um gerente a decidir começar uma atividade na PDI ou em outras datas entre ela e a UDI? Via de regra, é interessante começar todas as atividades na PDI, porém, em situações especiais, como quando há problemas de superalocação de recursos, o gerente necessita mudar a data de início para evitar paralelismo de atividades que disputam o mesmo equipamento ou a mesma equipe, situação que será abordada mais adiante.

Outro exemplo que ajudará a esclarecer esses conceitos é um projeto com cinco atividades, conforme duração e relação de dependência relacionados na tabela abaixo:

Atividade	Duração	Dependência
A	2 meses	-
B	2 meses	A; D
C	2 meses	B; E
D	3 meses	-
E	3 meses	D

A representação gráfica abaixo é um cronograma que atende as durações e relações de dependência definidas na tabela:

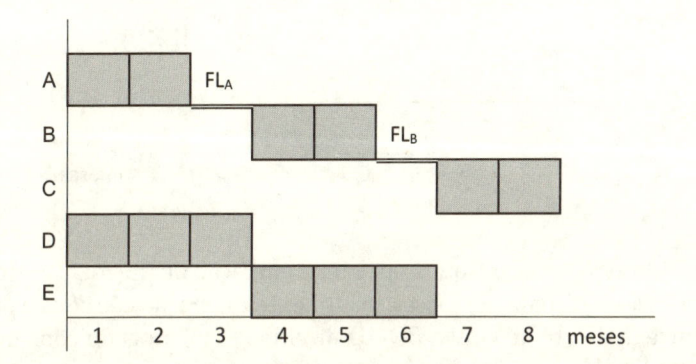

O gerente, ao elaborar o cronograma, definiu que a atividade "A" começa no mês 1, primeira data que ela poderia começar (PDI), pois não depende de nenhuma outra, e consequentemente termina no mês 2 (PDT), pois a duração prevista é de dois meses. Caso a atividade "A" inicie no mês 2, ela não afetará o início da atividade "B", que depende dela para iniciar. Logo, há uma folga na atividade "A" que não afeta a primeira data de início (PDI) de "B". Essa folga de 1 mês é denominada folga livre ($FL_A = 1$). O mesmo ocorre com a atividade "B": caso inicie no mês 5, não vai afetar a PDI da atividade "C". Logo, a folga livre de "B" é 1 mês também ($FL_B = 1$)

Observa-se que a folga livre de "A" surgiu fruto da duração e relação de dependência definidas para ela, e não por livre escolha do gerente de projeto, assim como como ocorreu com a folga livre de "B".

O conhecimento desse assunto é importante para o contratado, ao quantificar o tempo de dilação de prazo de execução, a que tem direito durante um pleito contratual, e para o fiscal, que deve analisar as justificativas apresentadas de forma correta. Em referência ao cronograma anterior, caso haja uma justificativa para o atraso de um mês na atividade "A", o aditivo contratual de alteração de cronograma é pertinente, mas o de dilação de prazo de entrega da obra não, conforme representado no cronograma ajustado abaixo.

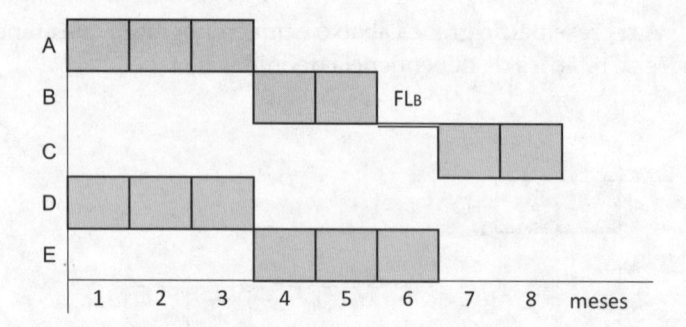

Observa-se acima que houve uma alteração do prazo de execução da atividade "A" para três meses, mas que essa alteração não afeta o prazo de entrega da obra e nem a PDI da atividade "B", pois foi consumida a folga livre da atividade "A" nos ajustes devidos do cronograma. Cabe ressaltar que, mesmo sem alteração da data de entrega da obra, é necessário realizar o aditivo contratual para o devido ajuste, pois, caso não seja feito, ao final do segundo mês a empresa estaria contratualmente atrasada e sujeita às sanções previstas por atraso de etapa.

Outros dois conceitos necessários ao planejamento do tempo são o marco e a defasagem. O marco é aquele evento importante do projeto, que deve ser destacado no cronograma, mas não consome tempo e nem recursos. Por exemplo: a reunião para assinatura de um contrato é uma atividade, pois consome tempo e horas de trabalho da equipe, mas a assinatura em si é um marco, pois é o momento que, a partir dele, o contrato passa a representar oficialmente as obrigações e direitos das duas partes. Outros marcos que devem ser registrados são as datas de início e fim do empreendimento, e as datas de início das atividades mais importantes, como a concretagem de um prédio ou a pavimentação de uma rodovia.

A defasagem é um tempo inserido no planejamento que, apesar de necessário, não consome recursos. Muitos confundem a defasagem com folgas de planejamento, o que é errado, pois a folga pode ser usada para compensar atrasos, como visto antes, mas a defasagem não. Ela pode ser de antecipação ou postergação, sendo um exemplo de antecipação quando a aplicação do revestimento de um piso ocorre dois dias depois da conclusão do contrapiso. Essas duas atividades têm uma relação término-início com dois dias de defasagem, sendo que não é possível antecipar o revestimento por questões técnicas.

2.3.5 Como elaborar uma rede de planejamento

Além dos conceitos apresentados, o próximo passo para a elaboração do cronograma de um projeto é saber como se define uma rede de planejamento. Conforme já citado, a rede de planejamento pode ser representada por meio de um diagrama de rede em setas ou diagrama de rede em nós. Apesar dos programas computacionais já gerarem a rede automaticamente, é importante saber como isso é feito, o que facilita a tomada de decisões gerencias e, independentemente de qual tipo de rede que será adotado no projeto, a sequência para sua elaboração é a mesma:

1. Listar todas as atividades – essa informação está contida na EAP e, caso nesse processo se verifique que as atividades levantadas não sejam suficientes, a EAP deve ser revista;

2. Determinar a duração das atividades – as durações podem ser calculadas de forma determinística ou probabilística e, quanto mais precisa for essa informação, menos defasagem entre o planejado e o executado ocorrerá, o que evita ajustes de cronograma e reprogramação de equipes durante a execução da obra;

3. Estabelecer a relação de dependência das atividades – esta etapa exige conhecimento do negócio e saber classificar quais dependências são obrigatórias, externas ou arbitradas. No caso da elaboração do diagrama de redes de planejamento, a relação entre atividades adotada é sempre término-início;

4. Determinar os eventos inicial e final da rede – com essa informação já se tem a duração do projeto e sua data de conclusão;

5. Calcular as datas de início e fim de cada atividade – nessa última etapa o gerente passa a ter as primeiras e últimas datas de todos os eventos da rede. Com isso é possível construir o cronograma de execução.

2.3.6 Cálculo de um diagrama de rede em setas

De posse da relação de atividades, e de suas respectivas durações e relações de dependência, a rede deve ser desenhada evitando-se cruzar as setas, que representam as atividades da rede. Ao se desenhar a atividade, o nome é colocado acima e a duração abaixo da seta. O exemplo a seguir demonstra como deve ser feito:

Atividade	Duração	Dependência
A	5 dias	-
B	2 dias	A
C	5 dias	A
D	7 dias	A
E	2 dias	B
F	1 dias	D
G	5 dias	C; E; F
H	8 dias	D

Com essas informações deve-se começar a traçar graficamente a rede, sem cruzar as setas. Os eventos de início e término de cada atividade são representados por círculos numerados, sendo o início do projeto o evento 1, e o término do projeto o evento de maior numeração. Como a atividade "A" é a única que não depende de nenhuma outra, o evento 1 representa o início de "A" e, consequentemente, também o início o projeto:

1º Passo:

A	5 dias	-

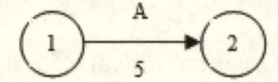

2º Passo:

B	2 dias	A
C	5 dias	A
D	7 dias	A

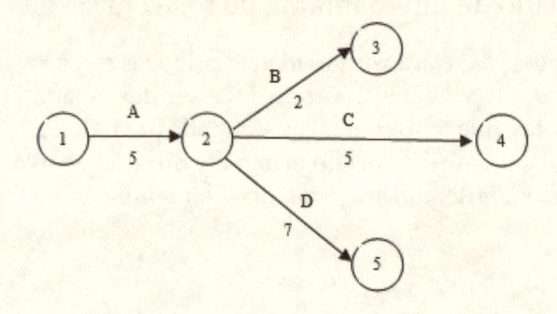

3º passo:

E	2 dias	B
F	1 dias	D

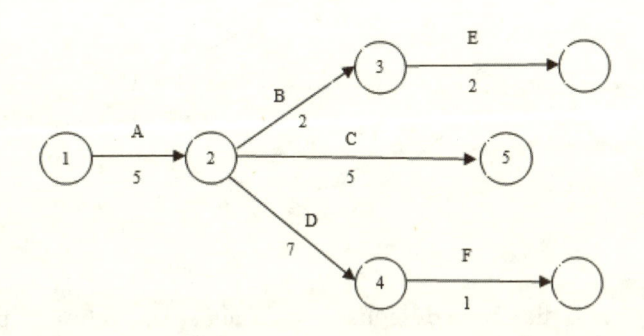

4º passo:

G	5 dias	C; E; F

Como a atividade "G" depende de "C", "E" e "F", o término dessas três atividades corresponde ao evento de início de "G". Logo, um único círculo representa esses quatro eventos:

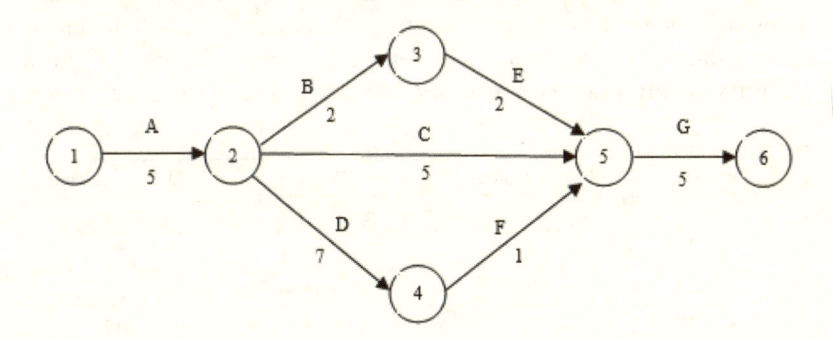

5º passo:

H	8 dias	D

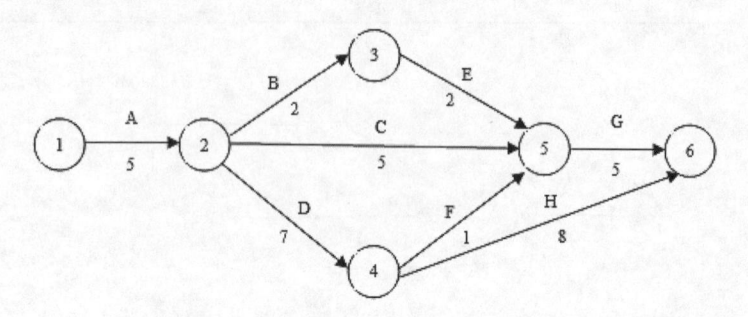

Com o diagrama desenhado, constata-se que o fim do projeto é representado pelo evento 6, que também é o término das atividades "H" e "G", pois nenhuma atividade depende delas. Em seguida, a partir do início, calcula-se as datas mais cedo de cada evento, somando-se, à data mais cedo do evento anterior, a duração da atividade. Nas atividades que possuírem mais de uma data mais cedo no evento em análise, deve-se adotar a maior data. Apesar de parecer contraintuitivo, a data maior representa o menor tempo possível para realizar todas as atividades anteriores a essa data, daí se adota a maior data, dentre as calculadas, como a data mais cedo do evento, que é representada por um número entre parênteses.

Para começar a calcular as datas dos eventos, define-se que a data mais cedo do evento 1 é zero e, depois da rede toda calculada, faz-se a correspondência da data zero à data real de início do projeto. Outra informação importante é que a rede será calculada com os dias corridos.

Evento	Predecessoras	Cálculos	Data mais cedo
1	-	por definição	(0)
2	A	+ 5 = (5)	(5)
3	B	(5) + 2 = (7)	(7)
4	D	(5) + 7 = (12)	(12)
5	C E F	(5) + 5 = (10) (7) + 2 = (9) (12) + 1 = (13)	(13)
6	G H	(13) + 5 = (18) (12) + 8 = (20)	(20)

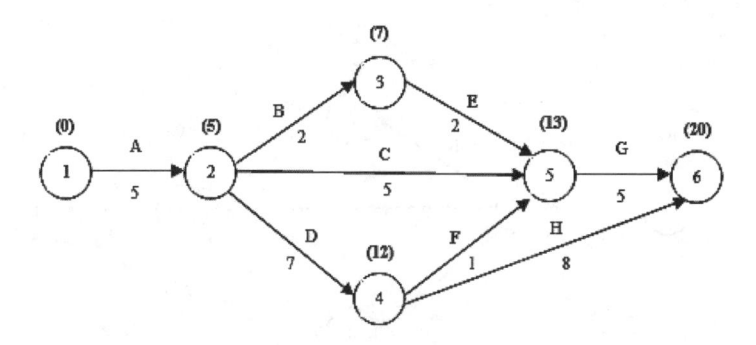

Para o cálculo das datas mais tarde, que são representadas na rede entre colchetes, o sentido do cálculo é do final para o início do projeto e adota-se a mesma data mais cedo de término para a data mais tarde de término. Por exemplo, a data mais cedo do projeto em análise é 20, logo o projeto pode ser executado em vinte dias. Se a previsão contratual de execução é de trinta dias, a verdadeira data mais tarde seria 30, e não 20. Entretanto, ao se adotar a data mais tarde igual à data mais cedo, na prática, está se impondo que o caminho crítico não possui nenhuma folga no cálculo, mas, na realidade, o projeto possui uma folga de entrega de 10 dias, que não aparece na rede de planejamento. Caso a data contratual de término seja menor do que a data mais cedo, o planejamento deve ser revisto, adotando-se as técnicas de redução de prazos a ser apresentada mais adiante.

No cálculo da data mais tarde de início de uma atividade, subtrai-se, de sua data mais tarde de término, a sua duração. Se houver mais de uma data mais tarde para o mesmo evento, adota-se a maior data, devido ao raciocínio análogo para o cálculo das datas mais cedo.

Evento	Sucessoras	Cálculos	Data mais cedo
6	-	por definição = (20)	[20]
5	G	[20] – 5 = [15]	[15]
4	F H	~~[15] – 1 = [14]~~ [20] – 8 = [12]	[12]
3	E	[15] – 2 = [13]	[13]
2	B C D	~~[13] – 2 = [11]~~ ~~[15] – 5 = [10]~~ [12] – 7 = [5]	[5]
1	A	[5] – 5 = [0]	[0]

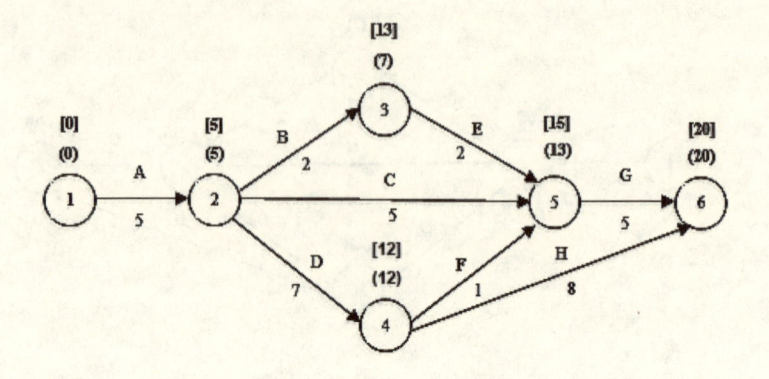

Observa-se que a data mais tarde do início do projeto, assim como a do término, é igual à data mais cedo, sendo uma forma de verificação do cálculo realizado.

$$(0) = [0] \text{ e } (20) = [20]$$

Com as datas do diagrama definidas, o próximo passo é calcular o caminho crítico, que é o trajeto mais longo entre o início e o fim do projeto. Conforme já visto anteriormente, o caminho crítico é aquele cujas atividades possuem as menores folgas entre o início e o término do projeto. Como a data mais tarde de término do projeto foi igualada à data mais cedo, o caminho crítico possui atividades com folga igual a zero. Desse modo, basta calcular as folgas totais de todas as atividades para se ter as atividades críticas e, consequentemente, o caminho crítico. A diferença entre o tempo disponível (TD) e a duração é a folga total (FT) da atividade, e o tempo disponível de uma atividade é a diferença entre a última data de término (mais tarde) e a primeira data de início (mais cedo):

(continua)

Atividade	PDI	UDT	Tempo Disponível TD = UDT - PDI	Duração (Dur)	Folga Total FT = TD - Dur
A	(0)	[5]	[5] - (0) = 5	5	5 - 5 = 0
B	(5)	[13]	[13] - (5) = 8	2	8 - 2 = 6
C	(5)	[15]	[15] - (5) = 10	5	10 - 5 = 5
D	(5)	[12]	[12] - (5) = 7	7	7 - 7 = 0
E	(7)	[15]	[15] - (7) = 8	2	8 - 2 = 6

(conclusão)

Atividade	PDI	UDT	Tempo Disponível TD = UDT - PDI	Duração (Dur)	Folga Total FT = TD - Dur
F	(12)	[15]	[15] - (12) = 5	1	5 - 1 = 4
G	(13)	[20]	[20] - (13) = 7	5	7 - 5 = 2
H	(12)	[20]	[20] - (12) = 8	8	8 - 8 = 0

Logo, o caminho crítico é o formado pelas atividades A-D-H, sendo a soma da duração dessas atividades igual a 20 dias, exatamente a duração do projeto. Isso ocorre porque as folgas totais das atividades do caminho crítico são iguais a zero.

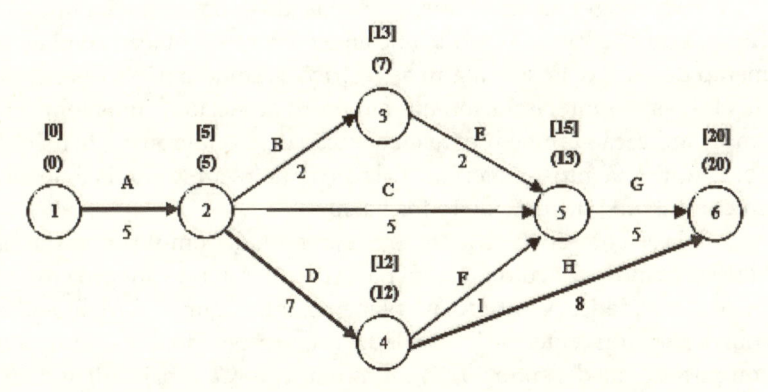

Sendo assim, o método do diagrama em setas permite calcular todas as datas necessárias para elaboração do cronograma de execução. Porém, um cuidado deve ser tomado quando correlacionar os eventos às datas do cronograma, pois o evento não representa o dia todo trabalhado, e sim um instante, entre o início de uma atividade e o término de outra. Analisando a atividade "A" do exemplo, o evento 1 representa o início do expediente do primeiro dia, e o evento 2 o fim do expediente do quinto dia, logo, são cinco dias trabalhados, que começa no primeiro instante do dia 1° e termina no último instante do dia 5 que, para fins de planejamento, equivale ao primeiro instante do dia 6. Por exemplo, se o dia de expediente começa às 08h e termina às 18h, o instante 2 representa tanto as 18h do dia 5, como as 08h do dia 6, pois entre esses horários não há trabalho programado. Na elaboração do cronograma em barras desse projeto, adotando as primeiras datas de início, o gráfico fica desta forma, no qual o caminho crítico está destacado:

Cronograma em barras

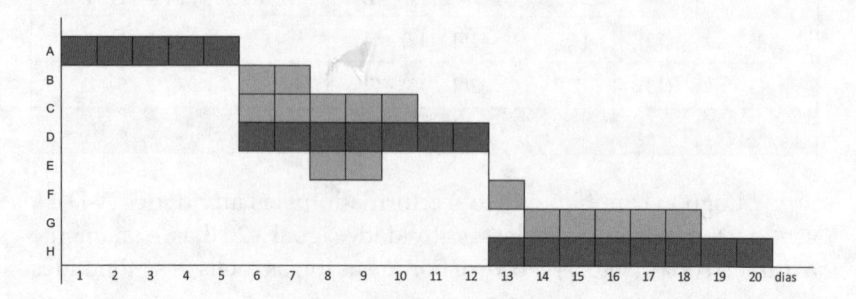

O cronograma em barras, ou conhecido também como gráfico de Gantt, é uma ferramenta muito eficiente para apresentação do planejamento do tempo. Possui algumas restrições, como a não visualização das folgas e o inter-relacionamento entre atividades, mas tem uma ampla aplicação também para elaboração de cronogramas de mão de obra, equipamentos, materiais e alocação de recursos, pois é de fácil entendimento por parte de todos na obra.

Na elaboração da rede em setas apresentada como exemplo não se verifica grandes dificuldades, em parte por se tratar de um projeto com poucas atividades. Contudo, no planejamento de uma obra, trabalhar com dezenas ou centenas de atividades é algo esperado, o que é um fator complicador no desenho do diagrama em setas. Caso haja dificuldades em se desenhar as atividades sem cruzar as setas, o motivo pode ser fruto de falha na elaboração da EAP, por falta ou existência indevida de alguma atividade; erro de definição de relação de dependência entre atividades; ou paralelismo de atividades com o mesmo início e término. Para os dois primeiros motivos a solução é rever a EAP e as dependências, mas para o último pode ser adotada a atividade fantasma para representar esse paralelismo, conforme exemplo a seguir:

Atividade	Duração	Dependência
A	2 dias	-
B	3 dias	-
C	2 dias	A; C
D	3 dias	A; C

Nesse caso, o paralelismo ocorrerá entre as atividades "A" e "B" e entre "C" e "D", sendo que a atividade fantasma é representada por uma seta tracejada, sem duração e, posteriormente, o cálculo da rede ocorre exatamente como naquelas em que não ocorre esse paralelismo. No diagrama abaixo, os eventos 2 e 3, e os eventos 4 e 5 são ligados por duas atividades fantasmas, sendo que o cálculo da rede é realizado exatamente como no modelo anterior, adotando uma duração zero para as atividades fantasmas.

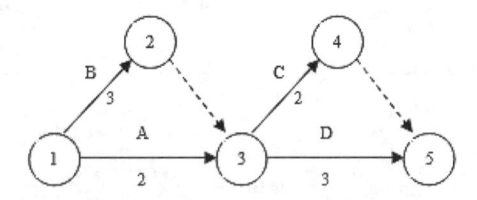

Caso não houvesse o recurso gráfico de se adotar atividades fantasmas para representar paralelismo entre atividades com início e término coincidentes (A//B e C//D), o diagrama ficaria representado conforme o desenho abaixo, o que está incorreto:

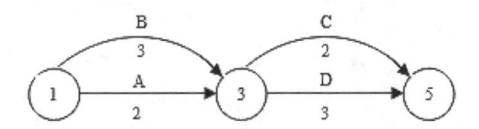

Para o cálculo da rede de planejamento o procedimento é o mesmo, conforme tabelas a seguir.

Para o cálculo das datas mais cedo:

Evento	Predecessoras	Cálculos	Data mais cedo
1	-	por definição	(0)
2	B	+ 3 = (3)	(3)
3	A Fantasma	(0) + 2 = (2) (3) + 0 = (3)	(3)
4	C	(3) + 2 = (5)	(5)
5	D Fantasma	(3) + 3 = (6) (5) + 0 = (5)	(6)

Para o cálculo das datas mais tarde:

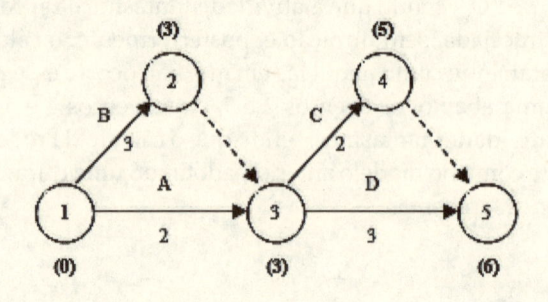

Evento	Sucessoras	Cálculos	Data mais tarde
5	-	por definição = (6)	[6]
4	Fantasma	[6] – 0 = [6]	[6]
3	C D	[6] – 2 = [4] [6] – 3 = [3]	[3]
2	Fantasma	[3] – 0 = [3]	[3]
1	A B	[3] – 2 = [1] [3] – 3 = [0]	[0]

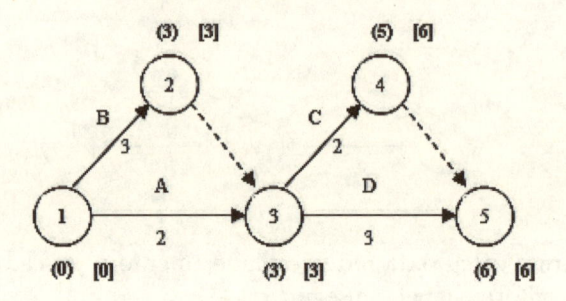

Para o cálculo do caminho crítico:

Atividade	PDI	UDT	Tempo Disponível TD = UDT - PDI	Duração (Dur)	Folga Total FT = TD - Dur
A	(0)	[3]	[3] - (0) = 3	2	3 - 2 = 1
B	(0)	[3]	[3] - (0) = 3	3	3 - 3 = 0
C	(3)	[6]	[6] - (3) = 3	2	3 - 2 = 1
D	(3)	[6]	[6] - (3) = 3	3	3 - 3 = 0

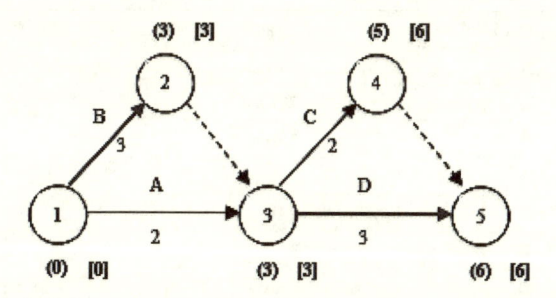

Logo, o caminho crítico é composto pelas atividades B e D, sendo a duração do projeto de 6 dias (B + D = 3 + 3 = 6).

O cronograma em barras é representado desta forma:

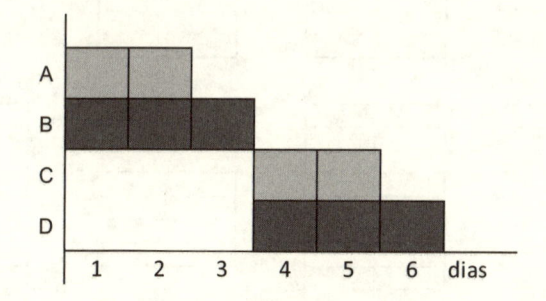

2.3.7 Cálculo de um diagrama de rede em nós

De posse da relação de atividades, e de suas respectivas durações e relações de dependência, a rede deve ser desenhada representando as atividades por meio de células, com as seguintes informações:

Nome	Duração
PDI	PDT
UDI	UDT
FL	FT

Adotando-se as mesmas informações para elaboração do diagrama de rede em setas, o diagrama de rede em nós permite cruzar as setas, que nesse caso representam as relações de dependência entre atividades:

Atividade	Duração	Dependência
A	5 dias	-
B	2 dias	A
C	5 dias	A
D	7 dias	A
E	2 dias	B
F	1 dias	D
G	5 dias	C; E; F
H	8 dias	D

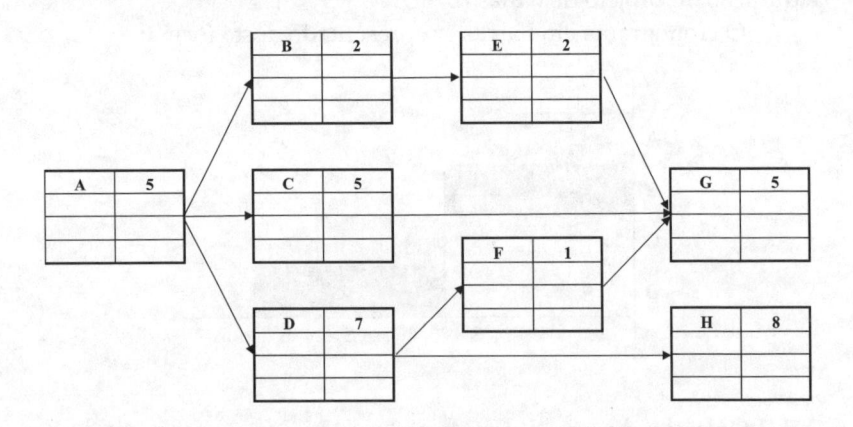

Após desenhar a rede, o cálculo segue a aplicação de algumas fórmulas que serão explicadas a seguir, sendo que as datas representam efetivamente dias trabalhados, conceito diferente da rede em setas. Por isso, para cada atividade é acrescido ou suprimido um dia.

- **PDI da 1ª atividade = 1:** A primeira data de início do projeto (PDI) é a data 1 por definição;
- **PDI = PDT a/máx. + 1:** para as demais, a primeira data de início (PDI) de cada atividade é a maior das primeiras datas de término (PDT) de suas atividades antecessoras, acrescida de um dia;
- **PDT = PDI + DUR - 1:** a primeira data de término (PDT) de cada atividade é a soma de sua primeira data de início (PDI) com a sua duração (DUR), suprimida de um dia;

- **UDT da última atividade = PDT:** justificativa análoga à adotada na rede em setas, pois considera-se que o caminho crítico terá folgas totais iguais a zero;
- **UDT = UDI s/min - 1:** para as demais, a última data de término (UDT) de cada atividade é a menor das últimas datas de início (UDI) de suas atividades sucessoras subtraída de um;
- **UDI = UDT - DUR +1:** a última data de início (UDI) de uma atividade é a sua última data de término (UDT) subtraída de sua duração (DUR), acrescida de um;
- **FL = PDI s/min - PDT - 1:** a folga livre (FL) de cada atividade é a menor das primeiras datas de início (PDI) de suas atividades sucessoras subtraída de sua primeira data de término (PDT) e de um;
- **FT = UDT - PDT = UDI - PDI:** folga total (FT) de cada atividade é a diferença entre a sua última data de término (UDT) e sua primeira data de término (PDT), o que equivale à diferença entre a sua última data de início (UDI) e sua primeira data de início (PDI).

Ao aplicar as fórmulas de cálculo das PDI e PDT, obtém-se:

Atividade	Fórmulas	Valores
A	$PDI_A = 1$ $PDT_A = PDI_A + DUR_A - 1$	$PDI_A = 1$ $PDT_A = 1 + 5 - 1 = 5$
B	$PDI_B = PDT_A + 1$ $PDT_B = PDI_B + DUR_B - 1$	$PDI_B = 5 + 1 = 6$ $PDT_B = 6 + 2 - 1 = 7$
C	$PDI_C = PDT_A + 1$ $PDT_C = PDI_C + DUR_C - 1$	$PDI_C = 5 + 1 = 6$ $PDT_C = 6 + 5 - 1 = 10$
D	$PDI_D = PDT_A + 1$ $PDT_D = PDI_D + DUR_D - 1$	$PDI_D = 5 + 1 = 6$ $PDT_D = 6 + 7 - 1 = 12$
E	$PDI_E = PDT_B + 1$ $PDT_E = PDI_E + DUR_E - 1$	$PDI_E = 7 + 1 = 8$ $PDT_E = 8 + 2 - 1 = 9$
F	$PDI_F = PDT_D + 1$ $PDT_F = PDI_F + DUR_F - 1$	$PDI_F = 12 + 1 = 13$ $PDT_F = 13 + 1 - 1 = 13$
G	$PDI_G = PDT_F + 1$ $PDT_G = PDI_G + DUR_G - 1$	$PDI_G = 13 + 1 = 14$ $PDT_G = 14 + 5 - 1 = 18$
H	$PDI_G = PDT_D + 1$ $PDT_G = PDI_G + DUR_G - 1$	$PDI_G = 12 + 1 = 13$ $PDT_G = 13 + 8 - 1 = 20$

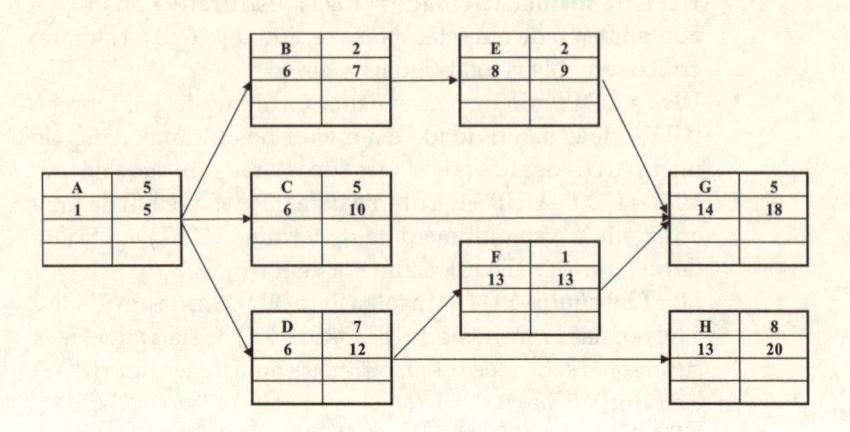

A atividade H é a última a ser concluída e, devido ao mesmo motivo apresentado no cálculo da rede em setas, iguala-se a PDT da última atividade à sua UDT. Como a atividade G não possui nenhuma sucessora, iguala-se sua UDT à PDT de H. Logo, $UDT_G = UDT_H = PDT_H = 20$. Para as demais atividades aplicam-se as fórmulas do término para o início da rede:

Atividade	Fórmulas	Valores
H	$UDT_H = PDT_H$ $UDI_H = UDT_H - DUR_H + 1$	$UDT_H = 20$ $UDI_H = 20 - 8 + 1 = 13$
G	$UDT_G = PDT_H$ $UDI_G = UDT_G - DUR_G + 1$	$UDT_G = 20$ $UDI_G = 20 - 5 + 1 = 16$
F	$UDT_F = UDI_G - 1$ $UDI_F = UDT_F - DUR_F + 1$	$UDT_F = 16 - 1 = 15$ $UDI_F = 15 - 1 + 1 = 15$
E	$UDT_E = UDI_G - 1$ $UDI_E = UDT_E - DUR_E + 1$	$UDT_E = 16 - 1 = 15$ $UDI_E = 15 - 2 + 1 = 14$
D	$UDT_D = UDI_H - 1$ $UDI_D = UDT_D - DUR_D + 1$	$UDT_D = 13 - 1 = 12$ $UDI_D = 12 - 7 + 1 = 6$
C	$UDT_C = UDI_G - 1$ $UDI_C = UDT_C - DUR_C + 1$	$UDT_C = 16 - 1 = 15$ $UDI_C = 15 - 5 + 1 = 11$
B	$UDT_B = UDI_E - 1$ $UDI_B = UDT_B - DUR_B + 1$	$UDT_B = 14 - 1 = 13$ $UDI_B = 13 - 2 + 1 = 12$
A	$UDT_A = UDI_D - 1$ $UDI_A = UDT_A - DUR_A + 1$	$UDT_A = 6 - 1 = 5$ $UDI_A = 5 - 5 + 1 = 1$

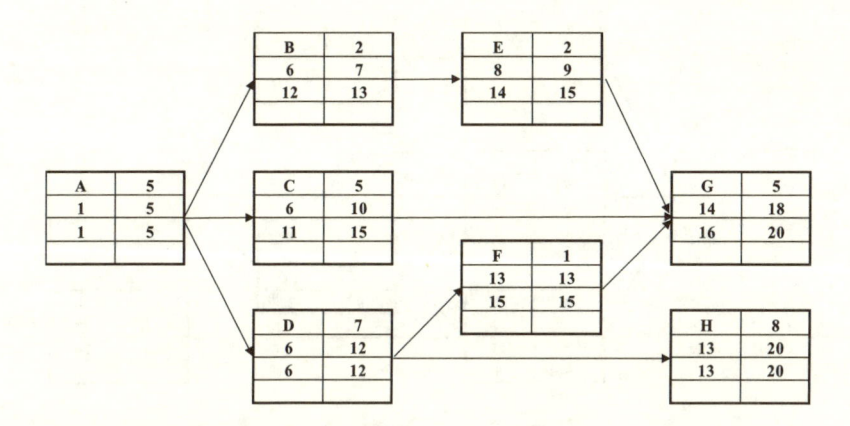

O último passo é o cálculo das folgas livres e totais de cada atividade. As folgas livres de H e G são iguais às suas folgas totais, pois são as últimas atividades e não possuem sucessoras:

Atividade	Fórmulas	Valores
A	$FL_A = PDI_{B/C/D} - PDT_A - 1$ $FT_A = UDT_A - PDT_A$	$FL_A = 6 - 5 - 1 = 0$ $FT_A = 5 - 5 = 0$
B	$FL_B = PDI_E - PDT_B - 1$ $FT_B = UDT_B - PDT_B$	$FL_B = 8 - 7 - 1 = 0$ $FT_B = 13 - 7 = 6$
C	$FL_C = PDI_G - PDT_C - 1$ $FT_C = UDT_C - PDT_C$	$FL_C = 14 - 10 - 1 = 3$ $FT_C = 15 - 10 = 5$
D	$FL_D = PDI_{F/H} - PDT_D - 1$ $FT_D = UDT_D - PDT_D$	$FL_D = 13 - 12 - 1 = 0$ $FT_D = 12 - 12 = 0$
E	$FL_E = PDI_G - PDT_E - 1$ $FT_E = UDT_E - PDT_E$	$FL_E = 14 - 9 - 1 = 4$ $FT_E = 15 - 9 = 6$
F	$FL_F = PDI_G - PDT_F - 1$ $FT_F = UDT_F - PDT_F$	$FL_F = 14 - 13 - 1 = 0$ $FT_F = 15 - 13 = 2$
G	$FL_G = FT_G$ $FT_G = UDT_G - PDT_G$	$UDT_G = 2$ $UDI_G = 20 - 18 = 2$
H	$FL_H = FT_H$ $FT_H = UDT_H - PDT_H$	$FL_H = 0$ $FT_H = 20 - 20 = 0$

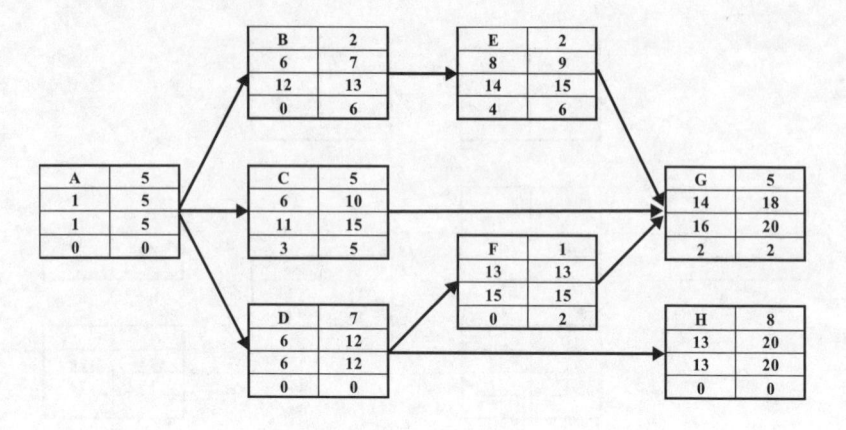

O caminho crítico é definido pelas atividades que possuem folgas totais iguais a zero e, assim como calculado pelo diagrama de rede em setas, as atividades A- D- H sendo a soma da duração dessas atividades igual a 20 dias, exatamente a duração do projeto.

Uma das vantagens do diagrama de rede em nós em relação ao de rede em setas é a facilidade para desenhar a rede, pois é possível cruzar as setas que representam as dependências das atividades. Verifica-se também que, diferentemente da rede em setas, as datas são definidas por dias trabalhados, e não por eventos, o que facilita a construção do cronograma em barras que, adotando-se as datas mais cedo possíveis, fica exatamente como o da rede em setas:

Cronograma em barras

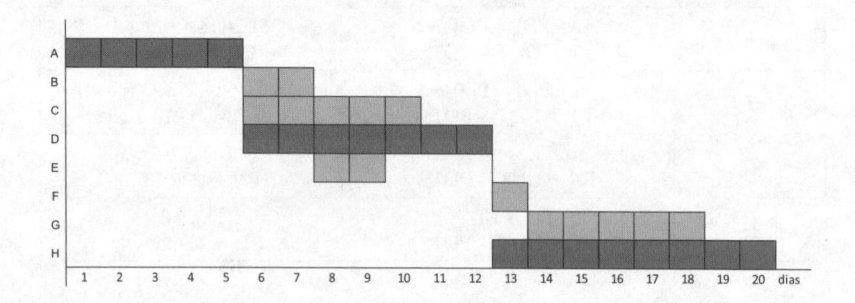

2.3.8 Aplicação dos conceitos de diagrama em redes

Atualmente, nenhum gerente de projetos elabora cronogramas utilizando as técnicas de rede em setas e rede em nós, pois as ferramentas computacionais já geram a rede de forma automática. Então, qual a importância de se conhecer essas técnicas? A tendência de muitos profissionais que começam a atuar em gestão de projetos é considerar que os programas de computador solucionam os problemas gerenciais. Mas deve-se lembrar que gerenciamento de projetos consiste em tomada de decisões, atividade do gerente que não pode ser substituída pelo computador. Ao conhecer essas técnicas, o gerente adquire mais capacidade para tomar decisões acertadas e oportunas, utilizando os programas para agilizar um processo que ele tem o devido domínio. Sem entender como o cronograma é elaborado, os ajustes acabam sendo realizados por tentativa e erro. Sendo assim, é recomendável que os gerentes de projeto exercitem a elaboração manual de redes de planejamento, e observarão uma facilidade maior na adoção dos programas computacionais.

No cenário de contratos de obras, o domínio das boas práticas de gerenciamento do tempo é fundamental para o contratado demonstrar as causas dos atrasos e seus impactos ao elaborar seus pleitos. Não somente é importante o construtor conhecer as boas práticas, pois a responsabilidade gerencial do empreendimento é dele, mas também o fiscal do contrato, que é responsável por cobrar a execução das obras dentro de um cronograma acordado e analisar possíveis pleitos de dilação de prazos.

2.3.9 Técnicas para redução de prazos de execução

Frequentemente, após o levantamento inicial das atividades e suas respectivas durações e relações de dependências, é gerado um cronograma com prazo de término posterior à data acordada em contrato. No caso específico de obras públicas, não é possível pleitear uma dilação desse prazo, a menos que se caracterize um fato novo, imprevisível, que tornou o prazo previsto em edital inviável. Fora isso, a solução é refazer o cronograma de execução.

Para reduzir o prazo de execução de um projeto existem duas técnicas: a compressão e o paralelismo, que devem ser aplicadas no caminho crítico. A compressão consiste em aumentar a quantidade de recursos humanos e equipamentos, de forma a reduzir o tempo de execução da atividade, ou adotar trabalhos fora do expediente normal, mediante realização de horas extras ou trabalhos com equipes em diversos turnos. O gerente inexperiente tende a usar essa técnica de forma inadequada, aumentando significativamente os custos, ou implementando soluções operacionalmente inviáveis. Por exemplo: uma equipe de pintor e servente executa a pintura de um ambiente em dez dias, provavelmente duas equipes poderiam executá-la em cinco dias, mas dez equipes não executam a pintura em um único dia. Nem sempre aumentar o efetivo reduz o prazo de forma proporcional, pois depende das características do serviço, como espaço insuficiente para comportar muitos profissionais, o trabalho de uma equipe afeta a produtividade de outra.

Um fator que afeta os custos é o aumento de quantidade de operários no canteiro de obras, pois o seu dimensionamento é proporcional ao número máximo de funcionários trabalhando.[3] Se em determinado momento da obra há um pico de funcionários, todas as instalações devem ser dimensionadas para atender esse pico, o que encarece sua instalação e manutenção. Sendo assim, caso seja adotada a compressão, além dos encargos oriundos da contratação de mais profissionais, que podem não ser aproveitados em outros momentos e devem ser dispensados, deve-se dar um tratamento ao acréscimo de custos fruto do aumento do canteiro, assunto esse que será apresentado no gerenciamento de custos.

Já a técnica do paralelismo busca dispor as atividades, que inicialmente foram previstas em série, em execução simultânea. Um cuidado ao se aplicar essa solução é evitar prever em paralelo atividades que utilizam os mesmos recursos. Caso contrário, deve-se resolver o problema de superalocação gerado que, além de exigir a contratação de mais profissionais, aquisição de mais equipamentos ou subcontratações de serviços, afetará também o dimensionamento do canteiro de obras.

---

[3] Conforme NR-18 – Norma Regulamentadora nº 18 – Condições e Meio Ambiente de Trabalho na Indústria da Construção. As normas regulamentadoras (NR) são disposições complementares ao Capítulo V (Da Segurança e da Medicina do Trabalho) do Título II da Consolidação das Leis do Trabalho (CLT), com redação dada pela Lei nº 6.514, de 22 de dezembro de 1977. Consistem em obrigações, direitos e deveres a serem cumpridos por empregadores e trabalhadores com o objetivo de garantir trabalho seguro e sadio, prevenindo a ocorrência de doenças e acidentes de trabalho.

Além disso, a técnica deve ser aplicada em atividades com relações de dependência arbitradas pelo gerente.

Observa-se que a aplicação das duas técnicas pode afetar os custos do projeto. Com isso, é importante que o processo de gerenciamento de tempo e de custo sejam iterativos. Se a solução de redução de prazo leva à necessidade de uma subcontratação, esse custo deve ser incorporado ao preço ou, caso já tenha sido feita a proposta, deve ser adotada uma solução de redução de custos, para garantir o equilíbrio financeiro do contrato.

2.3.10 A importância da gestão do tempo nos contratos de obras

Uma parte significativa dos pleitos contratuais envolve ajustes do cronograma de execução, com respectiva dilação de prazo. Para que o contratado prepare uma documentação consistente, os conceitos apresentados neste capítulo embasam e reforçam as justificativas jurídicas e técnicas a serem adotadas. Da mesma maneira, a fiscalização deve ter os mesmos conhecimentos para analisar e julgar os documentos fornecidos, decidindo de forma justa e imparcial se a contratada tem direito ou não a ajustes de cronograma e aos consequentes aumentos de custos.

2.4 Gerenciamento de custo

No ambiente de projetos as atividades consomem tempo e recursos. Logo, todas elas geram e afetam o orçamento, sendo necessário o bom planejamento e controle dos custos para contribuir com o sucesso do projeto. Durante o controle, os desvios significativos entre o planejado e o executado, ao serem identificados, devem ser tratados com ações corretivas, pois o simples monitoramento não é suficiente.

Para um bom gerenciamento de custos, além de se dominar as técnicas de orçamentação, o gerente deve se aprofundar em outros conhecimentos importantes, como análise de investimentos e apropriação de custos. Em alguns projetos, apesar de se tratar de levantamento de recursos, estimativas e orçamento em um único processo, deve-se investir esforços na fase inicial, pois a capacidade de influência nos custos é maior nessa etapa do projeto, sempre lembrando que quanto mais precisas as informações, menor é a diferença entre o planejado e o executado. Sendo assim, um bom planejamento dos custos, além de reduzir a incidência de pleitos contratuais, permitirá a elaboração de argumentos consistentes, caso eles ocorram.

2.4.1 Análise de viabilidade econômica no início do projeto

Antes de qualquer decisão sobre iniciar ou não um projeto, deve-se estudar sua viabilidade econômica, e sendo um projeto contratado, a preocupação deve ser maior, pois falhas gerenciais na elaboração de propostas não são justificativas aceitas para acréscimos de valores.

Dentre as técnicas de análise de investimentos disponíveis, as mais usuais são: *payback* (simples e descontado); valor presente líquido (VPL); índice de lucratividade (IL) e taxa interna de retorno (TIR). As demais técnicas são variações das apresentadas, e a análise se resume em comparar despesas com receitas. Se as receitas são superiores às despesas, o investimento é viável, e se as receitas são iguais ou inferiores às despesas, o projeto é inviável. O motivo da inviabilidade do projeto que possui uma previsão de receitas igual a de despesas se dá pelo fato de que o dinheiro será retirado de um investimento seguro para ser aplicado em outro de risco maior, sem ganhos adicionais, o que não traz vantagens para o investidor.

Outro conceito fundamental é que o valor do dinheiro muda com o tempo. Se alguém recebe um envelope lacrado, com mil reais em seu interior, é melhor abri-lo hoje e usar dinheiro, ou aguardar um ano para isso? Independentemente do que ele fará com o dinheiro, a melhor solução é abrir o envelope imediatamente, pois mil reais hoje valem mais do que daqui a um ano.

Sendo assim, quando se tem despesas e receitas distribuídas ao longo do tempo, não se pode somar os valores sem a devida correção. Mas, independentemente de se ter conhecimentos da matemática financeira para realizar essa análise, é sempre melhor postergar despesas e antecipar receitas, do que o inverso. Só que, em um ambiente de gestão de contratos, toda vez que o contratado antecipa receita, o contratante antecipa despesa. Daí a necessidade de ambas as partes terem conhecimentos de análise de investimentos.

2.4.2 Principais conceitos para o estudo de viabilidade

O lucro é o principal objetivo de uma contratada e, se não o for, a empresa está errada. Logo, participar da licitação de uma obra sem a verificação da viabilidade de se obter lucro é um risco muito grande, até mesmo porque, como já foi explicitado anteriormente, prejuízos decorrentes de erros gerenciais não justificam acréscimos de valores em contratos públicos.

Para essa análise é importante saber a diferença entre lucro contábil e econômico. O lucro contábil é a diferença entre receitas e despesas sem a correção dos valores no tempo. Deste modo, se as despesas se concentram no início do projeto e as receitas no final, provavelmente a empresa poderá ter suas receitas superando as despesas e mesmo assim ter prejuízo econômico, caso o contratado não tenha inserido esse custo financeiro na sua proposta. Muitas construtoras se dão conta dessa falha gerencial quando recebem todas as medições do contrato, pagam todos seus fornecedores e empregados e ainda continua endividada. Logo, o contratado pode obter um lucro contábil, mas o empreendimento pode não gerar valor para a empresa, pois não se obteve lucro econômico.

Para se calcular o lucro econômico previsto em um projeto, deve-se transportar os valores de receitas e despesas no tempo para uma única data de referência, antes de subtrair esses valores. A data usualmente adotada como referência é a de início do projeto, e a taxa de correção dos valores é o custo de oportunidade, isto é, a taxa que representa o custo do dinheiro para a empresa. Se a construtora pega um empréstimo, o custo de oportunidade é a taxa de juros cobrada; se o dinheiro é oriundo de capital próprio, o custo de oportunidade é a taxa do investimento de onde ele foi retirado. Esse percentual adotado para corrigir os valores no tempo é denominado taxa mínima de atratividade (TMA).

Com a taxa mínima de atratividade definida, para realizar a análise deve-se construir o fluxo de caixa do empreendimento, que consiste em distribuir no tempo as receitas e despesas previstas. As receitas previstas vêm do orçamento da proposta e da forma de pagamento prevista em contrato. As despesas previstas dependem do cronograma de recursos e do planejamento de aquisições. Por exemplo: o cimento da obra não é adquirido todo de uma vez, por uma série de razões: prazo de validade, capacidade de armazenamento, logística e antecipação de despesas desnecessárias. Deste modo, fluxo de fornecimento e a forma de pagamento do cimento irão definir o fluxo de despesas da construtora com o cimento, e esse procedimento é adotado para todos os recursos que compõe o empreendimento, fruto de um gerenciamento de aquisições.

Observa-se que, para se planejar as aquisições é necessário elaborar um cronograma de recursos, que permita planejar o momento em que cada material, equipamento e pessoal deverão ser disponibilizados para execução das atividades. O cronograma de fornecimento e a forma de pagamento desses recursos permitem a definição do fluxo de despesas do empreendimento.

O fluxo de receitas é definido por cláusulas contratuais que, para contratos públicos, preveem o pagamento sempre posterior à execução, pois o contrário caracteriza superfaturamento. Por exemplo: uma obra com previsão de pagamento até trinta dias após a medição terá uma defasagem de 60 dias entre o início da obra e o início do cronograma de pagamento.

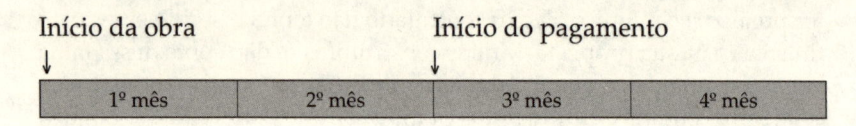

Início da obra ↓		Início do pagamento ↓	
1º mês	2º mês	3º mês	4º mês

Dessa forma, para a avaliação da viabilidade econômica da obra, a licitante deve elaborar um fluxo de caixa de receita se despesas:

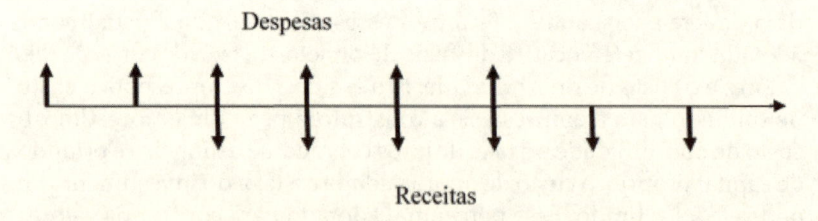

Despesas

Receitas

Ao se transportar todas as receitas e despesas para o início do fluxo de caixa, adotando-se a taxa mínima de atratividade (TMA), obtém-se o valor presente líquido (VPL) com a soma dessas parcelas. A fórmula da matemática financeira para o transporte desses valores é dividir cada valor pelo fator $(1 + i)^n$, em que "i" é substituído pela TMA e o "n" representa o número de períodos entre a data de ocorrência da receita/despesa e a data de início do fluxo de caixa. O VLP será a soma dessas parcelas corrigidas no tempo pelo fator $(1 + i)^n$.

Considerando como exemplo um fluxo de caixa de uma obra de R$150.000,00, cujo prazo de execução é de três meses e as receitas e despesas são distribuídas no tempo conforme fluxo abaixo, tem-se:

Fluxo de Caixa

	1º mês	2º mês	3º mês	4º mês	5º mês
Despesas	45.000,00	45.000,00	45.000,00		
Receitas			50.000,00	50.000,00	50.000,00
Fluxo de caixa	-45.000,00	-45.000,00	5.000,00	50.000,00	50.000,00
Fluxo acumulado	-45.000,00	-90.000,00	-85.000,00	-35.000,00	**15.000,00**

Observa-se que o lucro contábil previsto é de R\$15.000,00, o que representa 10% do valor contratado. Porém, caso a empresa necessite de um empréstimo a uma taxa de 5% ao mês, o fluxo de caixa descontado possui os seguintes valores:

$VPL = -45.000,00 \div (1 + 0,05)^1 - 45.000,00 \div (1 + 0,05)^2 + 5.000,00 \div (1 + 0,05)^3 + 50.000,00 \div (1 + 0,05)^4 + 50.000,00 \div (1 + 0,05)^5 = -\textbf{1.185,71}$

Verifica-se o VPL < 0, logo, apesar de haver uma previsão de lucro contábil de R\$15.000,00, devido à defasagem entre despesas e receitas a uma taxa de 5% ao mês, o empreendimento demonstra-se economicamente inviável. Porém, caso a contratada consiga um empréstimo a uma taxa de 4% ao mês, o cenário muda e o empreendimento passa a ser viável, pois o VLP > 0.

$VPL = -45.000,00 \div (1 + 0,04)^1 - 45.000,00 \div (1 + 0,04)^2 + 5.000,00 \div (1 + 0,04)^3 + 50.000,00 \div (1 + 0,04)^4 + 50.000,00 \div (1 + 0,04)^5 = \textbf{1.676,52}$.

Em uma situação financeira mais favorável, na qual a empresa possui capital de giro, ainda é necessária a análise econômica, pois ao retirar o valor das despesas de um investimento seguro, deve-se considerar a taxa desse investimento como TMA. Caso a empresa possua capital investido a uma taxa de 1% ao mês, o valor presente líquido aumenta significativamente:

$VPL = -45.000,00 \div (1 + 0,01)^1 - 45.000,00 \div (1 + 0,01)^2 + 5.000,00 \div (1 + 0,01)^3 + 50.000,00 \div (1 + 0,01)^4 + 50.000,00 \div (1 + 0,01)^5 = \textbf{11.361,93}$.

Conclui-se que, além de definir o fluxo de caixa da obra, a contratada tem que saber qual é o custo de seu capital, pois uma taxa mínima de atratividade elevada pode facilmente tornar um investimento inviável.

Análise de Viabilidade

TMA	VPL	Análise
5%	- 1.185,71	Projeto inviável
4%	1.676,52	Projeto viável, mas com pouco retorno
1%	11.361,93	Projeto viável com retorno significativo

A análise de investimento também permite definir os encargos financeiros, que compõem o BDI (bonificações e despesas indiretas) do orçamento, assunto que será tratado posteriormente. A defasagem financeira entre o lucro econômico e o lucro contábil representa o custo financeiro do empreendimento. Claro que o processo para definição desse custo requer um tratamento numérico, pois se o encargo financeiro é uma parcela do custo, o seu valor deve ser calculado por iteração. Sendo assim, no exemplo acima com TMA de 1%, o encargo financeiro é 15.000,00 - 11.361,93 = 3.638,07.

Os conceitos apresentados são importantes para que a licitante saiba elaborar seu orçamento considerando todos os custos envolvidos, e para que o gestor público saiba analisar questionamentos em processos licitatórios e pleitos contratuais durante a execução da obra.

Outro indicador de retorno financeiro é a taxa interna de retorno (TIR). Essa taxa representa o retorno do investimento, e pode ser calculada igualando o valor presente líquido a zero. Isto porque, se o VPL é igual a zero, a taxa de retorno do projeto é a mesma do custo de capital. Adotando como exemplo o fluxo de caixa anterior:

$$\text{VPL} = - 45.000,00 \div (1 + \text{TIR})^1 - 45.000,00 \div (1 + \text{TIR})^2 + 5.000,00 \div (1 + \text{TIR})^3 + 50.000,00 \div (1 + \text{TIR})^4 + 50.000,00 \div (1 + \text{TIR})^5 = 0$$

Para calcular a TIR deve-se utilizar calculadoras ou planilhas eletrônicas, pois a fórmula apresenta uma equação de **n** graus, em que n representa o número de períodos do fluxo de caixa. No exemplo apresentado n = 5 e, com utilização de planilha eletrônica, o valor da TIR ficou em 5,41%, e independe da TMA, sendo que, para analisar a viabilidade do investimento, deve-se comparar a TIR com a TMA:

TIR > TMA => projeto é economicamente viável

TIR ≤ TMA => projeto é economicamente inviável

Análise de Viabilidade

TMA	TIR	Análise
6%	5,41%	Projeto inviável
5%	5,41%	Projeto viável, mas com pouco retorno
1%	5,41%	Projeto viável com retorno significativo

Logo, se a construtora utiliza capital próprio ou não para realizar uma obra, essa informação é fundamental para a análise de investimento. Isto é, o contrato da obra deve gerar um retorno para o empresário, e sempre que a análise pelo VPL for favorável, a análise pela TIR também será.

Outro indicador que pode ser adotado para análise de investimento é o índice de lucratividade (IL). O IL se obtém dividindo o somatório de receitas ($VP_{receitas}$) pelo somatório de despesas ($VP_{despesas}$) no valor presente. Caso a divisão seja maior do que um, o investimento é viável, caso seja igual ou inferior a um, ele se torna inviável. Segue a exemplo adotando-se uma TMA de 1%:

Receitas x Despesas

	1º mês	2º mês	3º mês	4º mês	5º mês
Despesas	45.000,00	45.000,00	45.000,00		
Receitas			50.000,00	50.000,00	50.000,00

$VP_{receitas} = 50.000,00 \div (1 + 0,01)^3 + 50.000,00 \div (1 + 0,01)^4 + 50.000,00 \div (1 + 0,01)^5 = 144.151,81$

$VP_{despesas} = 45.000,00 \div (1 + 0,01)^1 + 45.000,00 \div (1 + 0,01)^2 + 45.000,00 \div (1 + 0,01)^3 = 132.344,33$

$IL = VP_{receitas} \div VP_{despesas} = 144.151,81 \div 132.344,33 = \mathbf{1,09}$

Como o IL é maior do que um (IL>1), o projeto é viável. Sempre que um projeto for viável por um indicador, ele será pelos outros dois também. A diferença é que o VPL é um indicador absoluto, e o IL e TIR são indicadores relativos.

Por fim, pode-se adotar também o *payback* na análise de investimentos. Sendo que ele está mais relacionado ao risco, pois indica o tempo de retorno do capital investido, isto é, o momento quando as despesas se igualam às receitas. Quanto maior a distância desse momento para o início do empreendimento, maior o risco para o contratado.

O *payback* pode ser simples, quando não se considera a perda dos valores com o tempo, ou descontado, quando se considera a correção dos valores com o passar do tempo. Deste modo, o *payback* simples representa o tempo de retorno contábil e o *payback* descontado o tempo de retorno econômico do investimento. Segue o exemplo, considerando uma TMA de 1% ao mês:

Fluxo de Caixa

	1º mês	2º mês	3º mês	4º mês	5º mês
Despesas	45.000,00	45.000,00	45.000,00		
Receitas			50.000,00	50.000,00	50.000,00
Fluxo de caixa	-45.000,00	-45.000,00	5.000,00	50.000,00	50.000,00
Fluxo acumulado	-45.000,00	-90.000,00	-85.000,00	-35.000,00	**15.000,00**
Fluxo descontado	-45.000,00	-44.113,32	4.852,95	48.049,02	47.573,28
Fluxo descontado acumulado	-45.000,00	-89.113,32	-84.260,37	-36.211,35	**11.361,93**

No exemplo apresentado, o *payback* simples e o descontado ocorrem no quinto mês de obra, mas nos fluxos de caixa em que ocorre uma defasagem entre os dois *paybacks*, o descontado sempre será maior do que o simples. Logo, se um empreendimento é suspenso no meio de sua execução antes do *payback*, significa prejuízo, mesmo que ocorra entre o simples e o descontado.

Também pode ocorrer de o empreendimento possuir um *payback* simples, mas não um descontado. Nesse caso, o projeto obteve lucro contábil, mas teve prejuízo econômico, pois não gerou ganho de valor para a empresa. Caso se adote uma TMA de 5% ao mês no exemplo apresentado, o projeto se torna economicamente inviável:

Fluxo de Caixa

	1º mês	2º mês	3º mês	4º mês	5º mês
Despesas	45.000,00	45.000,00	45.000,00		
Receitas			50.000,00	50.000,00	50.000,00
Fluxo de caixa	-45.000,00	-45.000,00	5.000,00	50.000,00	50.000,00
Fluxo acumulado	-45.000,00	-90.000,00	-85.000,00	-35.000,00	**15.000,00**
Fluxo descontado	-45.000,00	-40.816,33	4.319,19	41.135,12	39.176,31
Fluxo descontado acumulado	-45.000,00	-85.816,33	-81.497,14	-40.362,01	**-1.185,71**

Observa-se que o retorno contábil de R$15.000,00 ocorre no quinto mês, mas a empresa chega ao final do empreendimento com um prejuízo econômico de R$1.185,71.

Alguns métodos de análise de investimentos foram apresentados, sendo que existem outros que são variações destes, como o valor futuro líquido (VFL), cuja análise é a mesma do VPL, porém, com a data de referência do final do projeto. O mais importante é que o licitante faça um análise econômico-financeira antes de apresentar sua proposta, pois uma obra inviável é prejuízo tanto para o contratado quanto para a Administração Pública.

2.4.3 Classificação de custos

Para se elaborar um orçamento adequado, seja como de referência do edital ou como proposta de preço dos licitantes, ter conhecimento da classificação dos custos é fundamental, pois o orçamentista deve saber em qual "gaveta" do orçamento determinados custos se encaixam. Se o mesmo custo aparece em duas "gavetas", há um sobrepreço, e se ele não aparece em nenhuma, o orçamento está com valores abaixo do custo total. Para se entender melhor o que significam essas "gavetas", a primeira classificação a ser apresentada é quanto ao volume de produção.

Quanto ao volume de produção, os custos são classificados em fixos e variáveis. No caso de construção de uma ponte, o consumo de cimento é classificado como custo variável, pois ele cresce proporcionalmente ao volume de concreto produzido. Já o aluguel de um alojamento do tipo contêiner é considerado um custo fixo, pois ele ocorrerá independentemente da quantidade de serviço executado. Algumas vezes os custos são classificados como semivariáveis, pois variam com a produção, mas não de forma proporcional, como as despesas com energia elétrica e água no canteiro de obras, que ocorrem mesmo com a obra paralisada, mas crescem com o aumento do ritmo de execução.

Outra classificação importante é quanto à identificação com o produto, na qual os custos podem ser classificados como diretos ou indiretos. Os custos diretos são aqueles que estão diretamente incorporados ao produto, como no caso dos tijolos, areia, cimento e horas trabalhadas de pedreiro e servente necessários para produzir uma parede de alvenaria, pois são facilmente apropriados durante a execução do serviço, de forma que se pode definir a quantidade de cada insumo consumido na produção de um metro quadrado de parede. Já no caso do engenheiro responsável pela obra, é difícil a mensuração do tempo dispensado por ele em cada serviço executado no canteiro, sendo o seu custo classificado como indireto.

Entretanto, alguns custos indiretos podem ser tratados como diretos, desde que sejam representados como itens do orçamento. É o caso de engenheiro da obra, que apesar da dificuldade de se alocar seu custo em cada atividade, ele pode ser classificado como direto, desde que se defina um nome, uma unidade de medida, um valor unitário e uma quantidade. Sendo assim, cria-se um item de orçamento denominado "engenheiro da obra", cuja unidade de medida é "mês", o custo unitário o salário, e a quantidade a duração da obra:

Engenheiro da Obra

Serviço	Unidade	Valor Unitário	Quantidade	Valor
Engenheiro da obra	mês	20.000,00	10	200.000,00

2.4.4 A composição dos custos diretos

Na definição dos custos de uma obra é necessário que o orçamentista observe se o enfoque é de quem contrata ou de quem é contratado.

O contratante não sabe, previamente ao processo de seleção ou concorrência, se a construtora irá alugar equipamentos, subcontratar parte do serviço ou adotar determinado método construtivo. Logo, sem essas informações, algumas premissas devem ser adotadas para elaboração do orçamento de referência, que serve de base para a definição de um preço máximo, justo e aceitável para a contratação. Se as premissas adotadas forem excessivamente restritivas, ou o processo de contratação será fracassado, ou a licitante, no ímpeto de assinar o contrato, apresentará preços inexequíveis, com a expectativa de ajustes futuros, caso que será abordado posteriormente na parte de gestão de contratos.

Quanto à composição dos custos diretos, no caso da elaboração de um orçamento de referência, os modelos existentes adotam algumas considerações que não atendem adequadamente ao enfoque do contratado. Como exemplo, temos os sistemas SINAPI,[4] SICRO[5] e TCPO,[6] além de outros disponíveis no mercado, que tem como premissas que todos os equipamentos são de posse de quem executa, e que toda a mão de obra segue o mesmo modelo de contratação, com encargos sociais estimados. Tais considerações são válidas para a definição de um preço justo, mas cabe a quem é contratado ajustar suas composições de acordo com a forma como executará o contrato, caso contrário, correrá o risco de subdimensionar seus meios e ter prejuízo, ou superdimensioná-los e correr o risco de perder o contrato para o seu concorrente.

Para entender melhor a importância de um orçamento bem elaborado, com composições de custos próximos da realidade, será apresentada uma composição de 500 m² de pintura PVA interna de parede sobre massa corrida:

---

[4] O Sistema Nacional de Pesquisas de Custos e Índices da Construção Civil, denominado SINAPI, foi implementado em 1969, pelo Banco Nacional de Habitação, o BNH, em parceria com o Instituto Brasileiro de Geografia e Estatística, o IBGE. (fonte: www.caixa.gov.br)

[5] O SICRO é uma ferramenta criada e aperfeiçoada pelo DNIT para manter atualizada a definição de custos, apta para estabelecer os melhores parâmetros para referenciar a elaboração dos orçamentos de projetos rodoviários e licitação de obras. (fonte: www.dnit. gov.br).

[6] O TCPO – Tabela de Composições e Preços para Orçamentos – conta com mais de 8.500 composições de Serviços, Preços de Referência calculados pelo departamento de Engenharia da PINI e Composições de Empresas da indústria de materiais e serviços de construção civil. (fonte: www.tcpoweb.pini.com.br).

Composição inicial

Insumos	Coeficiente	Unidade	Preço Unitário	Preço por m²
Massa corrida	0,80	L	3,75	3,00
Lixa para massa corrida	1,00	FL	0,50	0,50
Tinta Látex PVA	0,20	L	15,00	3,00
Pintor	1,25	h	8,40	10,50
Servente	1,00	h	7,00	7,00
Custo Total por m²				24,00
500 m² de pintura				12.000,00

Observa-se que os coeficientes representam as quantidades necessárias de cada insumo para executar um metro quadrado de pintura, sendo que a mão de obra é quantificada por hora trabalhada. Sendo assim, pode-se inferir que uma equipe, composta por um pintor e um servente executam 1 m² de pintura em 1,25 hora, ou seja 1 hora e 15 minutos. Isto porque o pintor e o servente trabalham juntos, e o dimensionador do tempo necessário é o pintor, que possui o maior coeficiente.

Um leigo poderia supor que o trabalho é realizado em câmera lenta, pois 1,25 hora seria considerado tempo demasiado para se pintar 1 m² de parede. Contudo, para se pintar a parede vários tempos são consumidos, como o transporte do material, o preparo da parede e da tinta, os intervalos de descanso e uso do banheiro, e outras paralisações rotineiras em um canteiro de obras. Lembrando que todos os tempos consumidos pelo pessoal, mesmo não produzindo, são computados para fins de pagamento do salário e tempo de execução do serviço ao qual estão alocados. A legislação brasileira prevê oito horas de trabalho diário, então o valor a ser adotado como custo horário é o valor do salário e encargos sociais divido pelo número de horas trabalhadas em um mês (22 dias úteis x 8 horas diárias = 176 horas mensais). No exemplo apresentado o salário do pintor com encargos é 176 horas x R$8,40 = R$1.478,40, e o do servente é 176 horas x R$7,00 = 1.232,00.

Para elaboração de orçamentos de referência para contratação de obras, a adoção de tabelas referenciais para contratos públicos ou privados é adequada. Entretanto, quando se necessita elaborar um orçamento para confecção de uma proposta comercial, é importante se basear em apropriação de custos de obras anteriores e, caso a licitante não possua esse histórico ou não realizou a apropriação de forma adequada, no uso de tabelas referenciais essa adequação deve ser realizada com determinados cuidados, ajustando-se coeficientes e valores unitários.

Como exemplo, ao se observar a composição da pintura de parede citada, a futura contratada deve realizar uma cotação de preços dos insumos massa corrida, lixa e tinta, pois a cotação com possibilidade de compra real e com quantidades bem definidas leva a valores diferentes daqueles cotados de forma genérica e sem expectativa de compra imediata, como ocorre na alimentação de preços de tabelas de referência. Caso o contratado constate que, durante a execução dos serviços, os preços de mercado dos insumos estão acima dos estimados na sua proposta e não havendo fatos excepcionais, como aumento significativo além do esperado, ele não terá justificativas técnicas para embasar um pleito contratual de reequilíbrio econômico-financeiro. Tal análise vale tanto para contratos públicos como privados.

Além do preço dos insumos, um cuidado especial deve ser tomado no ajuste dos coeficientes e custos horários da mão de obra e dos equipamentos adotados. Quanto à diferença de coeficientes da mão de obra (pintor 1,25 e servente 1,00), caso se adote na execução do serviço de pintura uma equipe composta de um pintor e um servente, considerando que a produtividade dessa equipe seja a mesma definida na composição de referência, espera-se que 1 m² de pintura demore uma hora e quinze minutos (1,25 h). Isto é, o pintor estaria trabalhando em tempo integral na pintura da parede, e o servente apenas uma hora. Uma interpretação equivocada seria que o servente ficaria ocioso 15 minutos a cada metro quadrado pintado, o que está errado. Na verdade, infere-se que ele estaria atuando em outros serviços, ou sendo computado esse tempo nos custos indiretos (administração local). A pergunta é: onde? Caso o responsável pela elaboração da proposta não tenha onde alocá-lo em nenhum outro serviço, o ajuste deve ser feito na composição, alterando o coeficiente de servente para 1,25:

Composição com coeficiente ajustado

Insumos	Coeficiente	Unidade	Preço Unitário	Preço por m²
Massa corrida	0,80	L	3,75	3,00
Lixa para massa corrida	1,00	FL	0,50	0,50
Tinta Látex PVA	0,20	L	15,00	3,00
Pintor	1,25	h	8,40	10,50
Servente	1,25	h	7,00	8,75
Custo Total por m²				25,75
500 m² de pintura				12.875,00

Ao ajustar o coeficiente de servente para 1,25, o responsável pela proposta está considerando que não há outra atividade para o servente, e ele realmente ficará 15 minutos ocioso a cada metro quadrado de pintura executado, mas receberá o salário integral ao final do mês. Esse ajuste causa um impacto de R$875,00 no custo do serviço que, caso não seja feito, representaria um prejuízo não remunerado pelo contratante, pois é considerado falha gerencial.

Outro ajuste que deve ser feito é caso a empresa construtora adote outra combinação de equipe, como por exemplo um pintor e dois serventes que produzem um metro quadrado de pintura em meia hora. Apesar de ter mais um integrante na equipe, a melhoria na produtividade pode gerar um ganho no valor do serviço:

Composição com equipes ajustadas

Insumos	Coeficiente	Unidade	Preço Unitário	Preço por m²
Massa corrida	0,80	L	3,75	3,00
Lixa para massa corrida	1,00	FL	0,50	0,50
Tinta Látex PVA	0,20	L	15,00	3,00
Pintor	0,50	h	8,40	4,20
Servente	1,00	h	7,00	7,00
Custo Total por m²				17,70
500 m² de pintura				8.850,00

O serviço que inicialmente estava orçado em R$12.000,00, passou para R$8.850,00. Cabe ressaltar que, quanto menos tempo um profissional permanece na empresa, seus encargos sociais aumentam. Caso a construtora não tenha intenção de manter esse profissional contratado, realocando-o para outros empreendimentos, o seu custo é maior do que os demais, o que deve ser considerado também na orçamentação.

No caso de não manter o segundo servente na empresa, ou contratando um empregado autônomo, por um tempo menor ou por tarefa, o custo horário desse profissional será maior. Como exemplo, considerando que esse custo fique 50% maior, o custo horário desse servente adicional passa a ser de R$10,50 por hora, e a composição ajustada passa a ser:

Composição com equipes e preços ajustados

Insumos	Coeficiente	Unidade	Preço Unitário	Preço por m²
Massa corrida	0,80	L	3,75	3,00
Lixa para massa corrida	1,00	FL	0,50	0,50
Tinta Látex PVA	0,20	L	15,00	3,00
Pintor	0,50	h	8,40	4,20
Servente	0,50	h	7,00	3,50
Servente Autônomo	0,50	h	10,50	5,25
Custo Total por m²				19,45
500 m² de pintura				9.725,00

Mesmo contratando um servente mais caro, para atender o ajuste de composição, o custo do serviço ficou menor do que o custo sem o ajuste. Logo, observa-se que, para um único serviço e com poucos insumos, pode-se ter uma variação significativa de valores orçados:

Comparação entre composições

Alternativas de composição	Equipes	Valor
Composição de referência:	1 Pintor + 1 Servente	12.000,00
Composição com ajuste de coeficiente:	1 Pintor + 1 Servente	12.875,00
Composição com ajuste de equipe:	1 Pintor + 2 Serventes	8.850,00
Composição com ajuste de equipe + autônomo:	1 Pintor + 2 Serventes	9.725,00

Sendo assim, a empresa construtora deve possuir uma equipe de orçamentação capacitada e alinhada com os outros setores, principalmente com a equipe que gerencia os empreendimentos. Além disso, possuir um sistema de apropriação de custos, que permita planejamentos mais próximos da realidade. Se o valor orçado for muito conservador, o seu concorrente terá um preço mais competitivo e a empresa perde o processo de seleção ou concorrência, caso contrário, o valor contratado corre o risco de ser inferior ao valor orçado, e a empresa terá prejuízo no contrato.

Tendo em vista a importância de um orçamento adequado, qual o motivo de muitas construtoras não adotarem processos de apropriação de custos e de orçamentação mais eficientes? A resposta é a dificuldade de avaliar economicamente essa decisão, pois os custos de implantação são facilmente mensuráveis, mas os benefícios não, e o processo de convencimento fica mais difícil. O grande desafio para as construtoras no gerenciamento de suas obras é definir um modelo de apropriação, cuja metodologia seja mantida em todos os seus empreendimentos, garantindo uma padronização de mensuração. Caso contrário, há o risco de se adotar parâmetros distintos, a ponto de não permitir a comparação de serviços executados em diferentes obras, ou até mesmo dentro da mesma obra.

Uma sugestão a ser apresentada é a metodologia baseada no indicador obtido pela mensuração da Razão Unitária de Produção (RUP), fruto de pesquisas desenvolvidas no Departamento de Engenharia de Construção Civil da Escola Politécnica da Universidade de São Paulo e adotada no sistema de orçamentação do SINAPI.

O indicador RUP expressa a razão entre entradas de horas trabalhadas e as saídas de serviços executados. As horas trabalhadas são medidas em homens-hora e as saídas correspondem às quantidades de serviços apropriados, sendo que a RUP pode ser classificada em: RUP diária, cujo valor representa o quociente entre a quantidade de horas diárias gastas e a quantidade de serviço executado pela equipe; RUP cumulativa, sendo o quociente entre a quantidade de horas gastas e a quantidade de serviço do início ao final de execução do serviço; e a RUP potencial, obtida através da mediana dos valores de RUP diária que estão abaixo do valor da RUP cumulativa. A RUP potencial representa a produtividade possível de ser atingida pela equipe, considerando as mesmas condições de trabalho em que o serviço foi realizado no passado.

Logo, para complementar o trabalho, o sistema de apropriação, além de registrar as equipes, os serviços e a duração de cada um, também deve registrar os fatores influenciadores de produtividade, tais como o comprimento e altura das paredes; os tipos de equipamentos e ferramentas adotados; possíveis faltas de material; chuvas excepcionais; e todos os outros que afetam o desempenho da equipe na execução de determinado serviço.

Para exemplificar a aplicação da metodologia de apropriação de custos considera-se a produção de concreto Fck 20 Mpa, com uma jornada diária de 8 horas e uma equipe composta de 2 pedreiros e 6 serventes trabalhando durante sete dias. O responsável pelo planejamento deve ajustar a planilha de custos do serviço apresentada a seguir, que falta ser preenchida com os coeficientes de mão de obra:

Composição de concreto

Insumos	Coeficiente	Unidade	Preço Unitário	Preço por m²
Betoneira	0,06	Dia	20,00	1,20
Vibrador	0,06	Dia	20,00	1,20
Cimento Portland	370,00	Kg	0,50	185,00
Areia média	0,60	m³	30,00	18,00
Brita 1 ou 2	0,85	m³	40,00	34,00
Pedreiro		h	8,50	
Servente		h	7,00	
Custo total por m³				239,40

Foram apresentados os seguintes dados de campo de uma obra anterior:

2 pedreiros e 6 serventes	dia 1	dia 2	dia 3	dia 4	dia 5	dia 6	dia 7
m³ de concreto produzido por dia	3,50	3,60	3,50	3,40	3,20	3,50	3,50

A RUP diária é a quantidade horas trabalhadas por dia dividido pela quantidade de concreto produzido.

- 2 pedreiros: 2 x 8 horas = 16 horas trabalhadas.
- 6 serventes: 6 x 8 horas = 48 horas trabalhadas.

Logo, a RUP diária de pedreiro será as 16 horas e a de servente será as 48 horas divididas pela produção diária de concreto:

RUP Diária

2 pedreiros e 6 serventes	dia 1	dia 2	dia 3	dia 4	dia 5	dia 6	dia 7
m³ de concreto produzido por dia	3,50	3,60	3,50	3,40	3,20	3,50	3,50
Horas de pedreiro por dia	16	16	16	16	16	16	16
RUP diária de pedreiro	4,57	4,44	4,57	4,71	5,00	4,57	4,57
Horas de servente por dia	48	48	48	48	48	48	48
RUP diária de servente	13,71	13,33	13,71	14,12	15,00	13,71	13,71

A RUP cumulativa é a quantidade total de horas trabalhadas pela quantidade total concreto produzido até o momento:

RUP Cumulativa

2 pedreiros e 6 serventes	dia 1	dia 2	dia 3	dia 4	dia 5	dia 6	dia 7	Somatório	RUP cumulativa
m³ de concreto produzido por dia	3,50	3,60	3,50	3,40	3,20	3,50	3,50	24,20	
Horas de pedreiro por dia	16	16	16	16	16	16	16	112	4,63
Horas de servente por dia	48	48	48	48	48	48	48	336	13,88

Logo, a RUP acumulada de pedreiro são 112 horas divididas por 24,2 m³ de concreto, totalizando 4,63; e a RUP acumulada de servente são 336 horas divididas por 24,2 m³ de concreto, totalizando 13,88.

O próximo passo é a definição da RUP potencial, calculando a mediana das RUP's diárias com valor inferior à RUP cumulativa. Logo, no caso dos pedreiros, o valor mediano é 4,57, e dos serventes é 13,71, sendo esses os coeficientes que devem ser adotadas na composição dos custos unitários:

Composição de Concreto Ajustada

Insumos	Coeficiente	Unidade	Preço Unitário	Preço por m²
Betoneira	0,06	Dia	20,00	1,20
Vibrador	0,06	Dia	20,00	1,20
Cimento Portland	370,00	Kg	0,50	185,00
Areia média	0,60	m³	30,00	18,00
Brita 1 ou 2	0,85	m³	40,00	34,00
Pedreiro	4,57	h	8,50	38,85
Servente	13,71	h	7,00	95,97
Custo total por m³				374,22

Entretanto, o exemplo apresentado demonstra a aplicação da metodologia para um único serviço, em uma situação com massa de dados reduzida, sendo que em um sistema de apropriação real a quantidade maior de informações permite a adoção de coeficientes mais próximos à realidade.

Caso a empresa construtora não possua registros de produtividade em obras anteriores, poderá usar a experiência de seus profissionais para fazer ajustes em composições de referência, conforme demonstrado no exemplo anterior, da composição de pintura.

2.4.5 A composição dos custos indiretos

Os custos indiretos são aqueles necessários à execução da obra, mas que são de difícil quantificação nos serviços executados. Na orçamentação, eles fazem parte das bonificações e despesas indiretas (BDI), nas quais percentualmente todos esses custos são representados e acrescidos de lucro e, ao serem aplicados aos custos diretos, definem o preço da obra.

O BDI pode ser dividido nas seguintes parcelas: riscos e eventuais; mobilização e desmobilização; administração central; administração local; e encargos financeiros. Com esses custos definidos, o cálculo do preço da obra está demonstrado a seguir:

Exemplo de composição de BDI

Custos dos serviços	**100.000,00**
Custos Indiretos (exceto impostos)	
Riscos e eventuais	1.000,00
Mobilização/Desmobilização	2.000,00
Administração Central	10.000,00
Administração Local	5.000,00
Encargos Financeiros	2.000,00
Total de custos Indiretos	20.000,00
Custos Totais (exceto impostos)	**120.000,00**
Impostos Imediatos	10,00%
Lucro	10,00%
Preço da Obra	
BDI	

CD = Custo Direto
CI = Custo Indireto
L= Lucro (percentual sobre o preço de venda)
I = Impostos (percentual sobre o preço de venda)
PV = Preço de Venda (da Obra)
BDI = Bonificações e Despesas Indiretas
i = Taxa de Lucro + Impostos

1) Cálculo do Preço da Obra:

$$PV = CD + CI + (L + I) \qquad (1)$$
$$(L + I) = i \times PV \qquad (2)$$

(2) em (1):
$$PV = CD + DI + i \times PV =>$$
$$PV (1 - i) = (CD + CI) =>$$

$$PV = (CD + DI) / (1 - i).$$

Logo, **PV** = (100.000,00 + 20.000,00) / (1 - 20%) = 120.000,00 / 0,8 = **150.000,00**

2) Cálculo do BDI:

BDI = (L + I + CI) em forma de taxa sobre o Custo Direto
PV = CD x (1 + BDI) =>

BDI = [PV/ (CD)] - 1

Logo, **BDI** = (150.000,00/100.000,00) - 1 = 0,50 = **50%**
PV = 100.000,00 x (1 + 0,5) = **150.000,00**

Planilha com custos da obra

Custos dos serviços	100.000,00
Custos Indiretos (exceto impostos)	
Riscos e eventuais	1.000,00
Mobilização/Desmobilização	2.000,00
Administração Central	10.000,00
Administração Local	5.000,00
Encargos Financeiros	2.000,00
Total de custos Indiretos	20.000,00
Custos Totais (exceto impostos)	120.000,00
Impostos Imediatos	10,00%
Lucro	10,00%
Preço da Obra	150.000,00
BDI	50,00%

A respeito de cada parcela do BDI, eles devem ser quantificados, conforme as peculiaridades de cada uma:

Riscos e eventuais – Uma das formas de se tratar os riscos de um empreendimento é quantificá-lo monetariamente, definindo um contingenciamento de recursos a ser aplicado quando o fator de risco ocorrer, sendo esse o valor a ser adotado na parcela riscos e eventuais do BDI.

Mobilização e desmobilização – São todos os custos relacionados à carga, transporte e descarga de equipamentos e utensílios necessários à execução da obra, incluídos nesse custo os seguros, o manuseio e embalagem de utensílios, além também do transporte de pessoal, considerando os custos com alimentação e hospedagem durante o trajeto, se for o caso. A mobilização e desmobilização consideram o trajeto do transporte da sede-canteiro-sede, ou o de uma obra para outra.

Administração central – São todos os custos da empresa que não estão alocados na execução da obra, tais como instalações, material, serviços e pessoal da sede e suas filiais. O método mais adotado para o seu cálculo consiste em um rateio desses custos entre todas as obras contratadas, aplicando uma média ponderada em relação aos valores de cada contrato de obra. Outro método pouco utilizado é o de custeio ABC[7] de apropriação de custos (*Activity Based Costing*), em que as despesas da sede e suas filiais são computadas em centros de custos, onde a distribuição desses custos em cada contrato efetuado é proporcional ao esforço desprendido pela empresa em cada um deles. Apesar desse modelo de definição de custos de administração central ser mais justo em relação ao que cada contrato absorve de esforço da empresa, é de mais difícil mensuração, exigindo uma apropriação de custos eficiente.

Administração local – São todos os custos da obra que não foram considerados nos custos diretos, tais como instalação e manutenção do canteiro; pessoal alocado na obra não apropriado em atividades diretas; e veículos de apoio à administração.

Encargos financeiros – São os custos financeiros oriundos do fluxo de caixa de receitas e despesas. Os encargos financeiros dependem da forma de pagamento prevista em contrato e do custo de capital, e não considera os custos oriundos de atraso de pagamento, que devem ser ressarcidos por multas e juros de mora. Caso o custo de capital da empresa seja demasiadamente alto, e o ressarcimento contratual por atraso de pagamento não seja suficiente para cobrir tais custos, essa diferença deve ser considerada nos riscos e eventuais do BDI.

Impostos – são os impostos incidentes sobre os faturamentos das medições realizadas. Apesar de serem considerados custos indiretos, eles incidem sobre o preço final (de venda), tais como imposto sobre serviço (ISS); COFINS; PIS; imposto de renda sobre pessoa jurídica (IRPJ) e contribuição social sobre o lucro líquido (CSLL). Cabe destacar que, para contratos públicos, o IRPJ e a CSLL não devem constar na planilha do

---

[7] Não se deve confundir com a metodologia da Curva ABC, baseada no Princípio de Pareto, no qual se considera que, para muitos fenômenos, 80% das consequências advêm de 20% das causas. A curva ABC divide o evento em três faixas, em que a faixa "A" representa os itens de maior importância, valor ou quantidade, correspondendo a 80% do total.

BDI da proposta, dada a sua natureza direta e personalística. Entretanto, continuam conceitualmente sendo custos do empreendimento, devendo ser incorporados no percentual de lucro da proposta.

2.4.6 Nível de precisão e risco nas estimativas de custos

Os projetos evoluem dentro de seu ciclo de vida, desde uma estimativa de custo inicial, com baixo nível de precisão, até uma orçamentação detalhada, após completa especificação dos componentes do escopo e detalhamento do projeto. Sendo assim, o risco é inversamente proporcional à precisão das informações do projeto.

As margens de erro em diversos tipos de empreendimentos podem variar em torno de 5% para projetos com nível de precisão executiva, sendo que, nos estudos iniciais do empreendimento, esse erro pode variar de 30 a 50%, como na fase de análise de viabilidade. Tais variações entre o custo final e o previsto em projeto dependem de diversos fatores, devido aos empreendimentos estarem sujeitos a diferentes naturezas, disciplinas e localizações geográficas.

No caso de obras de engenharia civil, os projetos de construção apresentam margem de erro no projeto executivo abaixo dos 5% citados anteriormente, enquanto projetos envolvendo novas tecnologias e de alto grau de inovação pode estar acima desse percentual. Sendo assim, é muito importante desenvolver a análise de riscos apropriada, definir adequadamente a verba de contingência, incluí-la convenientemente no orçamento e gerenciar tenazmente o escopo, mudanças de escopo e riscos do projeto.

2.5 Análise de riscos do empreendimento

Ao elaborar o BDI de um orçamento, o seu responsável deve preencher o campo denominado "riscos e eventuais", e que muitas vezes é simplesmente desprezado ou preenchido com um valor simbólico, somente para justificar determinado valor de BDI.

Contudo, esses riscos e eventuais representam um custo mensurável, que depende da forma como o risco do empreendimento será tratado. Para isso, alguns conceitos são fundamentais para o cálculo desse valor, dentre eles a própria definição de risco. De acordo com a literatura, risco é a combinação de dois fatores: a probabilidade de ocorrência de um evento e o seu impacto no empreendimento, sendo que esse evento pode causar um impacto positivo ou negativo. Por exemplo, ao se considerar a compra de um equipamento importado para ser incorporado a uma obra, a variação do dólar pode ser favorável, caso a cotação abaixe no momento da compra, ou desfavorável, caso a cotação suba. Nessa situação pode-se tratar o risco de diversas formas, como: transferir o risco para o contratante, ao se acordar no contrato que o pagamento do equipamento se fará em dólar; adiantar a compra do equipamento, considerando os custos financeiros por antecipação de despesas; propor uma mudança de especificação do equipamento, adotando um equivalente nacional; ou quantificar o risco e incorporá-lo ao orçamento, prevendo um valor de contingência no campo riscos e eventuais no BDI. Há também a possibilidade de se desprezar o risco, o que nesse caso não é recomendável.

Para se ter uma ideia de como o risco deve ser tratado na elaboração de uma proposta de preços, hipoteticamente, determinada empresa orçou uma obra da seguinte forma, conforme exemplo já apresentado anteriormente:

Planilha com custos da obra

Custos dos serviços	**100.000,00**
Custos Indiretos (exceto impostos)	
Riscos e eventuais	1.000,00
Mobilização/Desmobilização	2.000,00
Administração Central	10.000,00
Administração Local	5.000,00
Encargos Financeiros	2.000,00
Total de custos Indiretos	20.000,00
Custos Totais (exceto impostos)	**120.000,00**
Impostos Imediatos	10,00%
Lucro	10,00%
Preço da Obra	**150.000,00**
BDI	50,00%

Além dos valores apresentados na planilha acima, a obra foi prevista para ser executada em três meses, sendo 25% no primeiro mês, 50% no segundo mês, e 25% no terceiro mês.

Outras considerações para facilitar os cálculos, mas que no mundo real não ocorrem, são: a contratada adquiriu por mês apenas os insumos necessários e suficientes para aquele mês, sendo que o que foi consumido correspondeu exatamente ao planejado; a produtividade da equipe durante a execução também correspondeu exatamente ao planejado; os valores planejados dos insumos e mão de obra corresponderam exatamente aos custos reais; o cronograma foi executado conforme planejado; não foram considerados custos de equipamentos, e os materiais corresponderam a 50% dos custos diretos, sendo o pagamento ao fornecedor em duas parcelas: 50% no momento do fornecimento e 50% trinta dias após; a parcela de mão de obra foi dividida em duas etapas também, sendo o salário correspondente a 50% do custo direto de mão de obra e pago no mês de execução do serviço, e os 50% restantes correspondem aos encargos sociais, que foram considerados no fluxo de caixa como uma despesa 30 dias após a realização do pagamento dos respectivos salários. Em outras palavras, a execução da obra correspondeu exatamente ao cronograma de execução, ao consumo de material e mão de obra; e aos respectivos custos diretos previstos.

Cabe ressaltar que, no caso de um orçamento de obra pública,[8] a administração local e a mobilização/desmobilização devem estar previstas como custos diretos, o que modificaria o percentual de BDI, mas não afetaria o valor global de obra e nem as análises de fluxo de caixa a serem apresentados. A planilha adaptada para uma obra pública ficaria assim:

---

[8] Por se tratar de um caso hipotético, o autor não se preocupou em definir percentuais de BDI de acordo com orientações dos órgãos públicos de controle.

Planilha com reclassificação de custos[9] da obra

Custos dos serviços	**107.000,00**
Custos Indiretos (exceto impostos)	
Riscos e eventuais	1.000,00
Mobilização/Desmobilização	0,00
Administração Central	10.000,00
Administração Local	0,00
Encargos Financeiros	2.000,00
Total de custos Indiretos	13.000,00
Custos Totais (exceto impostos)	**120.000,00**
Impostos Imediatos	10,00%
Lucro	10,00%
Preço da Obra	**150.000,00**
BDI	40,19%

Cabe destacar também que serão apresentados diversos cenários possíveis na execução dessa obra, sendo que o contrato previu pagamento dos serviços efetivamente realizados até trinta dias após a medição mensal. Para fins de cálculo, foi adotado uma correção dos valores por atraso de pagamento de 1% ao mês (correção monetária mais juros de mora), sendo que a contratada tem um custo de capital de 5% ao mês.

Quanto aos custos indiretos, foi considerado um custo de R$1 mil reais de mobilização no primeiro mês, e de R$1 mil reais de desmobilização no 4º mês logo após o fim da obra. As administrações local e central foram consideradas como custos fixos por quatro meses, três de execução e um durante a desmobilização. Os encargos financeiros foram proporcionais aos custos diretos nos quatro meses do cronograma. O custo com riscos e eventuais não entrou como despesa no fluxo de caixa.

Cenário 1 – pagamento antecipado

No cenário 1, o fluxo de caixa corresponde ao pagamento das três parcelas um dia após a medição, isto é, o contratante não usa os trintas dias de prazo de pagamento que tem direito, antecipando assim

---

[9] O percentual de BDI reduzido de 50% para 40,19% não afeta o preço. Tal procedimento em obras públicas visa reduzir o risco de pagamentos a maior para a contratada, quando há aditivos contratuais com acréscimo de serviços. Se há necessidade de acrescer um serviço cujo custo direto é de R$ 10 mil e que não fosse afetar os custos de administração local e nem de mobilização, um BDI de 50% iria gerar um acréscimo de R$ 15 mil no preço, enquanto um BDI de 40,19% o acréscimo seria de R$ 14,19 mil.

as receitas do contratado. Como a medição ocorre no mês seguinte à execução, o contratado recebe a última parcela no mês seguinte ao da obra:

Fluxo de caixa com pagamento antecipado

Período	1º mês	2º mês	3º mês	4º mês	5º mês	6º mês
% executado	25%	50%	25%			
Valores a executar	25.000,00	50.000,00	25.000,00			
Mão de obra (50% Custos diretos)	12.500,00	25.000,00	12.500,00			
Salário (50% mão de obra)	6.250,00	12.500,00	6.250,00			
Encargos (50% Mão de obra)		6.250,00	12.500,00	6.250,00		
Material (50% Custos diretos)	12.500,00	25.000,00	12.500,00			
À vista (50% material)	6.250,00	12.500,00	6.250,00			
Pagto 30 dias (50% material)		6.250,00	12.500,00	6.250,00		
Mobilização/Desmobilização	1.000,00			1.000,00		
Administração local	2.500,00	2.500,00	2.500,00	2.500,00		
Administração central	1.250,00	1.250,00	1.250,00	1.250,00		
Encargos financeiros	294,87	705,13	705,13	294,87		
Total de despesas sem impostos	17.544,87	41.955,13	41.955,13	17.544,87		
Impostos		3.750,00	7.500,00	3.750,00		
DESPESAS:	17.544,87	45.705,13	49.455,13	21.294,87		
RECEITAS:		37.500,00	75.000,00	37.500,00		
JUROS DE MORA E CORREÇÃO						
FLUXO DE CAIXA	-17.544,87	-8.205,13	25.544,87	16.205,13		
FLUXO ACUMULADO	-17.544,87	-25.750,00	-205,13	16.000,00		

Neste cenário, para não necessitar de empréstimo, a empresa deve possuir um capital de giro mínimo de R$25.750,00, que corresponde ao fluxo de caixa acumulado no 2º mês do cronograma. Também se observa que no 4º mês a contratada obtém R$16 mil, que corresponde a 10% de lucro mais o valor de R$1 mil, relativo aos riscos e eventuais que não ocorreram.

Mas será que realmente a contratada obteve o lucro almejado? Para isso deve-se realizar uma análise financeira, conforme já tratado em capítulo anterior. Logo, os valores devem ser transportados no tempo a uma taxa de 5%, que é o custo de capital da empresa:

Fluxo de caixa descontado

Mês	Fluxo
1º mês	-17.544,87
2º mês	-8.205,13
3º mês	25.544,87
4º mês	16.205,13
5º mês	
6º mês	
VPL:	11.809,27

Subtraindo-se os riscos e eventuais, o lucro da empresa fica em R$10.809,27, sendo que o esperado era de R$15 mil. Na verdade, os encargos financeiros no valor de R$2 mil não foram suficientes para cobrir esses custos. Como o cálculo dos encargos é iterativo, há um erro na simples subtração, mas a ordem de grandeza do erro foi de R$15.000,00 - R$10.809,27 = R$4.190,73 para esse fluxo de caixa, que não é o contratual.

Cenário 2 – pagamento no prazo contratual

No cenário 2, o fluxo de caixa corresponde ao pagamento das três parcelas com uma defasagem de um mês após a medição, conforme consta no contrato. Dessa forma, o que muda é apenas a data das despesas com impostos e das receitas:

Fluxo de caixa com pagamento em dia

Período	1º mês	2º mês	3º mês	4º mês	5º mês	6º mês
% executado	25%	50%	25%			
Valores a executar	25.000,00	50.000,00	25.000,00			
Mão de obra (50% Custos diretos)	12.500,00	25.000,00	12.500,00			
Salário (50% mão de obra)	6.250,00	12.500,00	6.250,00			
Encargos (50% Mão de obra)		6.250,00	12.500,00	6.250,00		
Material (50% Custos diretos)	12.500,00	25.000,00	12.500,00			
À vista (50% material)	6.250,00	12.500,00	6.250,00			
Pagto 30 dias (50% material)		6.250,00	12.500,00	6.250,00		
Mobilização/Desmobilização	1.000,00			1.000,00		
Administração local	2.500,00	2.500,00	2.500,00	2.500,00		
Administração central	1.250,00	1.250,00	1.250,00	1.250,00		
Encargos financeiros	294,87	705,13	705,13	294,87		
Total de despesas sem impostos	17.544,87	41.955,13	41.955,13	17.544,87		
Impostos			3.750,00	7.500,00	3.750,00	
DESPESAS:	17.544,87	41.955,13	45.705,13	25.044,87	3.750,00	
RECEITAS:			37.500,00	75.000,00	37.500,00	
JUROS DE MORA E CORREÇÃO						
FLUXO DE CAIXA	-17.544,87	-41.955,13	-8.205,13	49.955,13	33.750,00	
FLUXO ACUMULADO	-17.544,87	-59.500,00	-67.705,13	-17.750,00	16.000,00	

Neste cenário, para não necessitar de empréstimo, a empresa deve possuir um capital de giro mínimo de R$67.705,13, que corresponde ao fluxo de caixa acumulado no 3º mês do cronograma. Também se observa que no 5º mês a contratada obtém R$16 mil, que corresponde a 10% de lucro mais o valor de R$1 mil, relativo aos riscos e eventuais que não ocorreram. A contratada também não obteve o lucro almejado; porém, ao se realizar uma análise financeira a uma taxa de 5%, a situação piora:

Fluxo de caixa descontado

Mês	Fluxo
1º mês	-17.544,87
2º mês	-41.955,13
3º mês	-8.205,13
4º mês	49.955,13
5º mês	33.750,00
6º mês	
VPL:	5.974,90

Subtraindo-se os riscos e eventuais, o lucro da empresa fica em R$4.974,90, sendo que o esperado era de R$15 mil. Sendo assim, os encargos financeiros no valor de R$2 mil não foram suficientes para cobrir esses custos. Como já esclarecido que o cálculo dos encargos é iterativo, há um erro na simples subtração, mas a ordem de grandeza do erro foi de R$15.000,00 - R$4.974,90 = R$8.025,10 para esse fluxo de caixa, que corresponde ao cenário contratual.

Logo, caso a empresa tivesse orçado adequadamente, os encargos financeiros deveriam ser na ordem de R$10 mil, e não de R$2 mil, como consta na composição do BDI.

Cenário 3 – pagamento com atraso

No cenário 3, o fluxo de caixa corresponde ao pagamento das três parcelas com atraso de um mês. Dessa forma, o que muda é apenas a data das receitas e das despesas com impostos, além do acréscimo da parcela de correção monetária e juros de mora:

Fluxo de caixa com pagamento em dia

Período	1º mês	2º mês	3º mês	4º mês	5º mês	6º mês
% executado	25%	50%	25%			
Valores a executar	25.000,00	50.000,00	25.000,00			
Mão de obra (50% Custos diretos)	12.500,00	25.000,00	12.500,00			
Salário (50% mão de obra)	6.250,00	12.500,00	6.250,00			
Encargos (50% Mão de obra)		6.250,00	12.500,00	6.250,00		
Material (50% Custos diretos)	12.500,00	25.000,00	12.500,00			
À vista (50% material)	6.250,00	12.500,00	6.250,00			
Pagto 30 dias (50% material)		6.250,00	12.500,00	6.250,00		
Mobilização/Desmobilização	1.000,00			1.000,00		
Administração local	2.500,00	2.500,00	2.500,00	2.500,00		
Administração central	1.250,00	1.250,00	1.250,00	1.250,00		
Encargos financeiros	294,87	705,13	705,13	294,87		
Total de despesas sem impostos	17.544,87	41.955,13	41.955,13	17.544,87		
Impostos				3.750,00	7.500,00	3.750,00
DESPESAS:	17.544,87	41.955,13	41.955,13	21.294,87	7.500,00	3.750,00
RECEITAS:				37.500,00	75.000,00	37.500,00
JUROS DE MORA E CORREÇÃO				375,00	750,00	375,00
FLUXO DE CAIXA	-17.544,87	-41.955,13	-41.955,13	16.580,13	68.250,00	34.125,00
FLUXO ACUMULADO	-17.544,87	-59.500,00	-101.455,13	-84.875,00	-16.625,00	17.500,00

Neste cenário, para não necessitar de empréstimo, a empresa deve possuir um capital de giro mínimo de R$101.455,13, que corresponde ao fluxo de caixa acumulado no 3º mês do cronograma. Também se observa que no 6º mês a contratada obtém R$17,5 mil, que corresponde a 10% de lucro mais o valor de R$1 mil, relativo aos riscos e eventuais, e R$1,5 mil de correção monetária e juros de mora por atraso. A contratada também não obteve o lucro almejado nesse cenário, porém, ao se realizar uma análise financeira a uma taxa de 5%, a situação piora muito, pois o fluxo de caixa já contenta as receitas oriundas da correção monetária e juros de mora:

Fluxo de caixa descontado

Mês	Fluxo
1º mês	-17.544,87
2º mês	-41.955,13
3º mês	-41.955,13
4º mês	16.580,13
5º mês	68.250,00
6º mês	34.125,00
VPL:	1.653,14

Considerando o atraso de pagamento como um risco do empreendimento, o lucro da empresa fica em R$1.653,14, sendo que o planejado era um lucro de R$15 mil. Além disso, os valores pagos de correção e juros de mora por atraso de pagamento não cobriram o custo do atraso, e nem podem ser pleiteados, pois a contratada aceitou essa condição de ressarcimento ao assinar o contrato.

Desse modo, para se chegar nos R$15 mil em valor presente líquido, deveria ter sido feita uma análise de riscos considerando os impactos e as probabilidades de ocorrência dos três cenários. Numa análise simplista, se for considerado que, em contratos dessa natureza, a probabilidade de antecipação de pagamentos seja de 20%, a probabilidade de pagamento em dia seja de 60%, e a probabilidade de pagamento com atraso de um mês seja de 20%, poderia ter sido calculado o valor presente líquido esperado e analisado se o empreendimento era viável ou não, podendo ter sido considerado também uma reserva de contingência maior para o possível atraso.

Análise de cenários

	Cenário 1	Cenário 2	Cenário 3
	Pagamento Antecipado	Pagamento em dia	Pagamento atrasado
VPL (sem risco)	11.809,27	5.974,90	1.653,14
Probabilidade	20%	60%	20%

Considerando três possíveis cenários e suas probabilidades de ocorrência, o valor presente líquido esperado é de R$6.277,42 ($VPL_{ESPERADO}$ = 11.809,27 x 20% + 5.974,90 x 60% + 1.653,14 x 20%). Caso a contratada, somente para esse fator de risco, desejasse considerá-lo no BDI, deveria ter previsto R$9.722,58 (15.000,00+1.000,00 - 6.277,42), e não somente R$1.000,00.

Provavelmente, considerar no BDI esse valor de risco e eventual, tornaria a proposta da empresa inviável. Nesse caso, poderia ter adotado outras formas de tratar esse risco específico, como buscar melhores taxas de financiamento, ou aceitar um lucro esperado menor.

Entretanto, cabe destacar que essa análise de cenários aborda apenas um único fator de risco: a data de pagamento das medições. Por exemplo, caso no cenário 3 a Administração Pública não pague os custos financeiros por atraso de pagamento, o valor do contingenciamento do risco do empreendimento deveria ser aumentado. É importante que, ao elaborar um orçamento, o empresário elenque todos os possíveis fatores de riscos e os trate de forma adequada. Dentre os possíveis fatores de risco tem-se:

- Erros de planejamento;
- Falhas de execução;
- Aumento de custos dos insumos;
- Atrasos de fornecedores;
- Baixa produtividade das equipes;
- Condições climáticas desfavoráveis;
- Greves;
- Retrabalhos;
- Desperdícios de insumos;
- Não recebimento de encargos por atraso de pagamento; e
- Outros

Para resguardar as partes envolvidas, uma boa prática a ser adotada é definir uma matriz de riscos anexa ao contrato, para que se aloque os fatores de riscos que são da contratada, os que são da contratante, ou as que serão cobertas por um seguro. Tal procedimento já é adotado em alguns contratos públicos, e permite que o contratado tenha melhores condições de avaliar e mensurar os riscos do empreendimento:

Matriz de Riscos

Fator de risco	Alocação do risco
Atraso na liberação do licenciamento ambiental, que não seja fruto de falha gerencial da contratada.	Contratante
Erro de quantitativos por imprecisão do projeto	Contratada
Mudança de legislação tributária	Contratante
Retrabalhos fruto de fatores climáticos adversos	Seguradora
Atraso no fornecimento de insumos nacionais	Contratada
Atraso no fornecimento de insumos importados	Contratante

2.6 Ferramentas de controle

As boas práticas de gestão devem garantir que o projeto seja executado no prazo, com qualidade e dentro dos valores acordados. Desse modo, para garantir o atendimento desses três requisitos de sucesso do projeto, é fundamental que haja controle.

Ao se definir métodos e ferramentas de controle, deve-se cuidar para que o seu custo não seja maior do que o benefício gerado por ele. É o mesmo que se contratar um vigia para controlar o estoque de pregos de uma obra, cujo prejuízo mensal é de R$100,00. Nesse caso, a empresa gastará vinte vezes mais para realizar o controle do estoque do que o prejuízo causado pelo furto. Entretanto, se o objetivo da contratação do vigia é inibir desvios maiores, o controle se justifica, caso contrário, está se onerando indevidamente o empreendimento, devendo assim buscar novas formas de controle com custos compatíveis com o prejuízo.

Contudo, muitas vezes é necessário nas organizações haver controle sistemático de diversos empreendimentos que ocorrem simultaneamente e em localidades distantes, sendo que a regra de que o custo do controle não pode ser maior do que o benefício gerado por ele também deve ser atendida. Sendo assim, uma ferramenta mundialmente adotada para esse tipo de controle é a Análise de Valor Agregado (AVA).

Mediante o monitoramento periódico de três variáveis, a AVA consiste em gerar indicadores relativos e absolutos de controle de custos e prazos de empreendimentos e medir o desempenho do empreendimento durante sua execução. As três variáveis da metodologia possuem diversas denominações na literatura, sendo que o autor optou por adotar a do PMBoK, que são: valor planejado (VP); valor agregado (VA) e custo real (CR).

O valor planejado (VP) representa o quanto se planejou realizar de serviços, em valores acumulados, até a data de referência. No caso de obras, como usualmente o cronograma de execução físico-financeiro adota periodicidade mensal, o valor planejado (VP) é definido a cada mês. Como exemplo, será apresentado a seguir um cronograma físico-financeiro de uma obra fictícia, orçada em R$121.000,00 e prevista para ser executada em 8 meses, para demonstrar como se define essa variável:

Cronograma Físico-Financeiro

Atividades	Jan	Fev	Mar	Abr	Maio	Jun	Jul	Ago
A	5.000,00	5.000,00						
B		10.000,00	10.000,00	10.000,00				
C			15.000,00	15.000,00	15.000,00			
D					7.000,00	7.000,00	7.000,00	
E						5.000,00	5.000,00	5.000,00
Total	5.000,00	15.000,00	25.000,00	25.000,00	22.000,00	12.000,00	12.000,00	5.000,00
Acumulado	5.000,00	20.000,00	45.000,00	70.000,00	92.000,00	104.000,00	116.000,00	121.000,00

Observa-se que a última linha da planilha anterior representa os valores acumulados dos serviços previstos no cronograma, sendo que no final da obra, em agosto, a previsão é de se executar R$121.000,00, o valor total da obra. Tendo maio como data de referência, pode-se verificar que até o final desse mês está previsto ser executado em serviços o total de R$92.000,00, que representa o valor planejado de maio (VP_{maio} = 92.000,00).

Para o levantamento do valor planejado (VP), o gerente do empreendimento precisa ter em suas mãos apenas o cronograma físico-financeiro da obra, e obterá todos os valores planejados do início ao fim do projeto:

Valores Planejados (VP)

Data de referência	Valores planejados (VP)
$VP_{janeiro}$	R$5.000,00
$VP_{fevereiro}$	R$20.000,00
$VP_{março}$	R$45.000,00
VP_{abril}	R$70.000,00
VP_{maio}	R$92.000,00
VP_{junho}	R$104.000,00
VP_{julho}	R$116.000,00
VP_{agosto}	R$121.000,00

Ao se locar todos esses valores em um gráfico, obtém-se uma curva denominada "S" que, no caso do valor planejado, representa o comportamento esperado do empreendimento do seu início ao fim:

Curva "S" do valor planejado

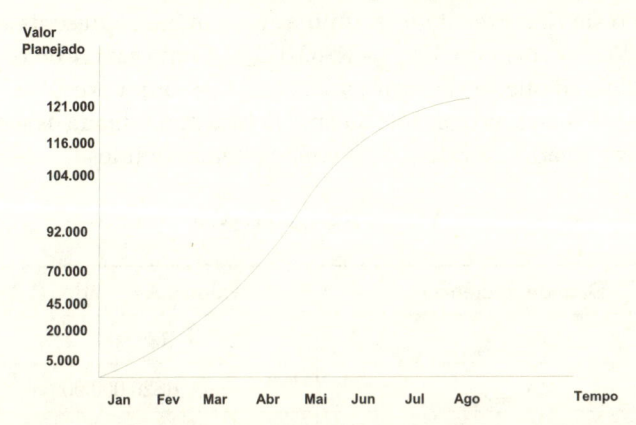

No gráfico percebe-se que a inclinação da curva em cada período representa o desempenho esperado da execução dos serviços, sendo um ritmo moderado no início e no fim, e um mais intenso no meio de sua execução.

O valor agregado (VA) representa o quanto efetivamente foi executado de serviços, em valores orçados, até a data de referência. Para obtenção dessa variável deve-se multiplicar a quantidade de todos os serviços executados até a data de referência pelos respectivos valores constantes no orçamento. Uma forma simples de se obter o valor agregado é adotar os valores constantes no boletim de medições, mas com os devidos cuidados a serem esclarecidos mais adiante.

Para exemplificar, será simulado uma execução até maio, considerando que a obra hipotética apresentada atrasou o início da atividade "C" em dois meses conforme planilha a seguir:

Serviços Executados

Atividades	Jan	Fev	Mar	Abr	Maio	Jun	Jul	Ago
A	5.000,00	5.000,00						
B		10.000,00	10.000,00	10.000,00				
C					15.000,00			
D					7.000,00			
E								
Total	5.000,00	15.000,00	10.000,00	10.000,00	22.000,00			
Acumulado	5.000,00	20.000,00	30.000,00	40.000,00	62.000,00			

Observa-se que, ao se atrasar o início da atividade "C" em dois meses, o serviço executado acumulado até maio representa o valor agregado nesse período: VA_{maio} = R$62.000,00. Como para se obter o valor agregado tem que se verificar os serviços que foram executados até a data de referência, no controle da obra fictícia apresentada os seguintes valores agregados por data de referência foram obtidos:

Valores Agregados (VA)

Data de referência	Valores Agregados (VA)
$VA_{janeiro}$	R$5.000,00
$VA_{fevereiro}$	R$20.000,00
$VA_{março}$	R$30.000,00
VA_{abril}	R$40.000,00
VA_{maio}	R$62.000,00

Ao se comparar o valor agregado com o valor planejado em maio, observa-se que era previsto ter sido executado R$92.000,00 em serviços, mas devido ao atraso da atividade "C" foram executados apenas R$62.000,00 em serviços. Logo, o primeiro indicador que se pode obter é denominado variação de prazo (VS),[10] que é a diferença entre o valor agregado e o valor planejado: VS = VA - VP. Se a diferença for negativa, o projeto encontra-se atrasado, e se for positiva o projeto encontra-se adiantado:

VS = VA - VP
VS < 0 => projeto atrasado
VS = 0 => projeto conforme planejado
VS > 0 => projeto adiantado

No caso hipotético, a obra encontra-se atrasada em R$30.000,00, pois:

VS_{maio} = 62.000,00 - 92.000,00 = - 30.000,00 < 0

---

[10] Na sigla VS se adota a letra "S" para diferenciar do VP (valor planejado). A origem vem da palavra *schedule*, que significa programado em inglês.

Porém, a variação de prazo é um indicador absoluto, do qual não se tem a percepção, analisando somente ele, se o atraso é significativo ou não. Para se ter essa percepção, adota-se um indicador relativo com essas duas variáveis, denominado índice de performance de prazo (IPS), em que se divide o valor agregado pelo valor planejado. Se a divisão for inferior a 1, o projeto encontra-se atrasado, e se for superior a 1, adiantado:

IPS = VA / VP
IPS < 1 => projeto atrasado
IPS = 1 => projeto conforme planejado
IPS > 1 => projeto adiantado

No caso hipotético, a obra encontra-se em maio 33% atrasada ((1 - 0,67) x 100%), pois:

IPS = R$62.000,00 / R$92.000,00 = 0,67

Até o momento foram apresentadas duas variáveis (VP e VA) para se verificar, a cada período do empreendimento, se ele se encontra atrasado ou adiantado. Entretanto, com mais uma variável, a análise de valor agregado permite também acompanhar os custos da obra, verificando se ela se encontra saudável financeiramente. A terceira variável a ser estudada é o custo real (CR), que representa o custo acumulado de todos os serviços executados até o momento. Isto é, o quanto custou para se executar o valor agregado. Exemplificando: quanto custou para o empreiteiro executar R$62.000,00 de serviços? Lembrando que, para se obter os valores planejados deve-se consultar o cronograma físico-financeiro, que é o mínimo de informação que se deve ter de uma obra, junto com os boletins de medições, nos quais se obtém os valores agregados (medidos).

Entretanto, o custo real é uma variável difícil de se obter, pois é fruto de um sistema de apropriação de custos, que em muitas empresas construtoras não existe. Não basta apenas controlar a obra contabilmente, pois as despesas realizadas até a data de referência não correspondem aos custos acumulados até o momento. É o caso do cimento adquirido para uma obra e pago à vista, a despesa com a compra só se tornará custo quando o cimento sair do almoxarifado e for aplicado na obra, ou se deteriorar antes de sua aplicação; assim como o equipamento adquirido, em que somente os custos de operação, manutenção e depreciação e juros durante sua utilização serão incorporados nos custos da obra.

Apesar de ser necessário um sistema de apropriação para se obter o custo real (CR), o que gera uma despesa adicional ao empreendimento, o seu retorno é plenamente justificável, pois permitirá saber se determinado empreendimento está sendo lucrativo ou não, além de permitir gerar ações corretivas a tempo de se reverter uma situação financeira desfavorável e proporcionar dados para elaboração de orçamentos mais confiáveis no futuro.

Para exemplificar, será simulado uma apropriação dos custos até maio, considerando que a obra hipotética apresentou custos excessivos em todas as suas etapas, conforme planilha a seguir:

Custos dos Serviços Executados

Atividades	Jan	Fev	Mar	Abr	Maio	Jun	Jul	Ago
A	6.000,00	6.000,00						
B		18.000,00	18.000,00	18.000,00				
C					26.000,00			
D					10.000,00			
E								
Total	6.000,00	24.000,00	18.000,00	18.000,00	36.000,00			
Acumulado	6.000,00	30.000,00	48.000,00	66.000,00	102.000,00			

Os custos acumulados dos serviços executados até maio representam o custo real em maio: CR_{maio} = R\$102.000,00. Observa-se, com a apropriação dos custos da obra fictícia, os seguintes custos reais por data de referência:

Custos Reais (CR)

Data de referência	Custos Reais (CR)
$CR_{janeiro}$	R\$6.000,00
$CR_{fevereiro}$	R\$30.000,00
$CR_{março}$	R\$48.000,00
CR_{abril}	R\$66.000,00
CR_{maio}	R\$102.000,00

Ao se comparar o custo real com o valor agregado em maio, verifica-se que foram executados R\$62.000,00 em serviços, mas que custaram R\$102.000,00. Logo, o outro indicador que se pode obter é denominado variação de custo (VC), que é a diferença entre o valor agregado e o custo real: VC = VA - CR. Se a diferença for negativa, o projeto encontra-se com os custos acima do planejado, e se for positiva o projeto encontra-se com os custos abaixo do planejado:

VC = VA - CR
VC < 0 => projeto deficitário
VC = 0 => projeto conforme planejado
VC > 0 => projeto superavitário

No caso hipotético, a obra encontra-se deficitária em R$40.000,00, pois:

$$VC_{maio} = 102.000,00 - 62.000,00 = - 40.000,00 < 0$$

Assim como a variação de prazo, a variação de custo é um indicador absoluto, da qual não se tem a percepção, analisando somente ele, se a variação de custo é significativa ou não. Para se ter essa percepção, adota-se um indicador relativo com essas duas variáveis, denominado índice de performance de prazo (IPC), em que se divide o valor agregado pelo custo real. Se a divisão for inferior a 1, o projeto encontra-se deficitário, e se for superior a 1, superavitário:

IPC = VA / CR
IPC < 1 => projeto deficitário
IPC = 1 => projeto conforme planejado
IPC > 1 => projeto superavitário

No caso hipotético, a obra encontra-se em maio 39% deficitária ((1 - 0,61) x 100%), pois:

IPC = R$62.000,00 / R$102.000,00 = 0,61

Os indicadores apresentados são importantes para se verificar, na data de referência, a situação dos custos e o cronograma do empreendimento. Contudo, não basta apenas se preocupar com o momento da aferição dos dados, pois o comportamento desses indicadores com o passar do tempo são fontes importante de informação, sendo necessário se preocupar também com a tendências das curvas "S" geradas, por exemplo:

Exemplo de curvas "S" da análise de valor agregado

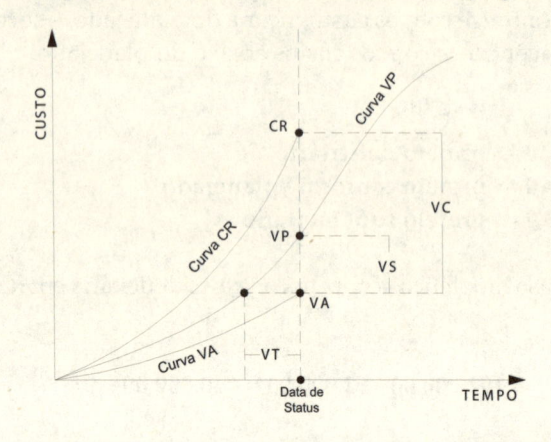

No exemplo apresentado verifica-se que, na data de status (ou de referência), o projeto encontra-se atrasado (VA - VP < 0) e deficitário (VA - CR < 0). Contudo, se for observado o passado no gráfico, desde o início do empreendimento, a curva VA se afastou constantemente da curva VP, e a curva CR se afastou também constantemente da curva VA. Isso significa que algo tem afetado o custo e o prazo do projeto desde o seu início, e que nada foi feito pelo gerente para reverter o quadro, pois as curvas se afastam continuamente, sem tendência de se encontrarem.

Possíveis causas podem ter gerado esse descontrole, tais como: desequilíbrio econômico-financeiro; falhas de planejamento; falta de controle de gastos; fatores influenciadores de produtividade; e outros. Os indicadores não diagnosticam o problema, apenas indicam que algo está errado desde o início, e que nenhuma ação corretiva foi implementada de forma eficaz.

Com esse exemplo fica evidente as possibilidades de aplicação da metodologia de análise de valor agregado em empreendimentos, principalmente nos controlados à distância, nos quais se deve ainda mais otimizar esforços para realização de auditorias e adoção de ferramentas de controle mais detalhadas.

Entretanto, alguns cuidados devem ser tomados para a adoção da AVA em uma situação real. O primeiro é a padronização de processos: se o gestor adota as medições como critério de definição do valor agregado, deve-se lembrar que sempre haverá uma defasagem entre a execução verdadeira e a execução medida, pois muitas vezes serviços são executados e não computados na medição. Isso não é problema, desde que as pessoas que vão usar as informações tenham conhecimento e considerem essa defasagem em suas análises e não cheguem a conclusões erradas.

Outro cuidado é observar se não está sendo gerado um indicador "falso positivo". Caso atividades críticas estejam atrasadas, e a construtora antecipe atividades não críticas, a variação de prazo (VS) será maior do que zero, o que erradamente indica um projeto adiantado. Daí a necessidade de se observar a tendência das curvas, pois caso isso aconteça, em determinado momento o indicador muda de posição. Uma forma de resolver esse problema é gerar indicadores de prazo apenas do caminho crítico, e dessa forma qualquer atraso será percebido em qualquer aferição.

Há também um risco em se adotar a AVA de forma equivocada quando determinado contrato está sujeito a reajustamentos. Quando o valor agregado é corrigido pelo reajuste, há uma falsa melhora no ritmo de execução, pois o valor agregado reajustado estará sendo comparado a um valor planejado não reajustado, aumentando os índices de performance de prazo, sem realmente ter ocorrido. Para evitar esse problema, a metodologia deve adotar os valores a preço inicial, sem reajuste, no cálculo dos indicadores de prazo.

Quanto aos indicadores de custos, já foi relatada a dificuldade em se realizar a apropriação de custos em uma obra. Porém, pode-se trabalhar com a variável custo real (CR) apenas dos custos obtidos da faixa "A" da curva ABC de insumos.

Para se aplicar a metodologia da curva ABC, o gestor deve ordenar os itens dos insumos do orçamento, do maior para o menor valor, e calcular os valores acumulados linha a linha (conforme exemplo). Comporão a faixa "A" os itens que estão dentro da faixa de 80% do valor total dos custos dos insumos:

Planilha de insumos da obra

Insumos	Valores
Insumo 01	R$ 10.000,00
Insumo 02	R$ 20.000,00
Insumo 03	R$ 100,00
Insumo 04	R$ 2.000,00
Insumo 05	R$ 2.000,00
Insumo 06	R$ 1.400,00
Insumo 07	R$ 30.000,00
Insumo 08	R$ 7.000,00
Insumo 09	R$ 21.000,00
Insumo 10	R$ 5.000,00
Insumo 11	R$ 1.500,00
Insumo 12	R$ 15.000,00
Insumo 13	R$ 500,00
Insumo 14	R$ 800,00
Insumo 15	R$ 750,00
Insumo 16	R$ 1.300,00
Insumo 17	R$ 1.150,00
Insumo 18	R$ 500,00
Insumo 19	R$ 800,00
Insumo 20	R$ 200,00
Total:	R$ 121.000,00

Para se obter a faixa "A" dos insumos, primeiro deve-se obter 80% dos custos: R$121.000,00 x 80% = R$96.800,00, e depois colocar os insumos em ordem de valor, do maior para o menor, e gerar uma coluna com os valores acumulados:

Planilha da curva ABC

Insumos	Valores	Acumulados
Insumo 07	R$ 30.000,00	R$ 30.000,00
Insumo 09	R$ 21.000,00	R$ 51.000,00
Insumo 02	R$ 20.000,00	R$ 71.000,00
Insumo 12	R$ 15.000,00	R$ 86.000,00
Insumo 01	R$ 10.000,00	R$ 96.000,00
Insumo 08	R$ 7.000,00	R$ 103.000,00
Insumo 10	R$ 5.000,00	R$ 108.000,00
Insumo 04	R$ 2.000,00	R$ 110.000,00
Insumo 05	R$ 2.000,00	R$ 112.000,00
Insumo 11	R$ 1.500,00	R$ 113.500,00
Insumo 06	R$ 1.400,00	R$ 114.900,00
Insumo 16	R$ 1.300,00	R$ 116.200,00
Insumo 17	R$ 1.150,00	R$ 117.350,00
Insumo 14	R$ 800,00	R$ 118.150,00
Insumo 19	R$ 800,00	R$ 118.950,00
Insumo 15	R$ 750,00	R$ 119.700,00
Insumo 13	R$ 500,00	R$ 120.200,00
Insumo 18	R$ 500,00	R$ 120.700,00
Insumo 20	R$ 200,00	R$ 120.900,00
Insumo 03	R$ 100,00	R$ 121.000,00

Logo, a faixa "A" da curva ABC de insumos engloba os itens 01; 02; 07; 09; e 12, sendo 5 itens que totalizam em torno de 80% do valor total dos insumos. Sendo assim, o gerente da obra deverá apropriar pelo menos esses itens, para garantir um controle minimamente eficiente.

CAPÍTULO III

ASPECTOS DA LICITAÇÃO
QUE AFETAM O CONTRATO

3.1 Objetivos da licitação

A legislação vigente possui atualmente duas grandes leis norteadoras do processo licitatório no Brasil: A Lei nº 13.303/16, que dispõe sobre o estatuto jurídico da empresa pública, da sociedade de economia mista e de suas subsidiárias, no âmbito da União, dos estados, do Distrito Federal e dos municípios; e a nova Lei nº 14.133/21, que estabelece normas gerais de licitação e contratação para as Administrações Públicas diretas, autárquicas e fundacionais da União, dos estados, do Distrito Federal e dos municípios, excluindo as estatais. Logo, ao lidar com contratos de obras públicas, é importante saber qual legislação se aplica em cada caso, pois, além dessas, o Regime Diferenciado de Contratações (Lei nº 12.462/11); a Lei do Pregão (Lei nº 10.520/02); e a antiga Norma Geral de Licitações (Lei nº 8.666/93) permanecerão vigentes até abril de 2023, e seus efeitos até a conclusão dos contratos regidos por elas após a revogação. Observa-se que esse emaranhado de leis irá gerar muitas dúvidas e confusões durante esse período de transição.

De acordo com a legislação vigente, seja conforme a nova lei de licitações ou a lei das estatais, o processo licitatório tem por principais objetivos assegurar a seleção da proposta apta a gerar o resultado de contratação mais vantajoso para a Administração Pública; assegurar tratamento isonômico entre os licitantes e a justa competição; evitar contratações com sobrepreço, preços manifestamente inexequíveis e superfaturamento na execução dos contratos; e incentivar o desenvolvimento nacional sustentável. A respeito de garantir a observância do princípio da igualdade e selecionar a proposta mais vantajosa, tais objetivos podem se tornar conflitantes, pois o princípio da igualdade limita a capacidade do gestor de restringir a participação de licitantes que, apesar de atenderem às exigências legais, muitas vezes não correspondem às expectativas de realizarem satisfatoriamente uma obra ou projeto.

Por outro lado, o que é vantajoso para a Administração não é necessariamente o que o gestor deseja, e sim o que a lei preconiza, sendo o menor preço considerado como regra geral, e exceções os demais critérios de vantajosidade.

Há uma crítica muito grande na literatura e em artigos que tratam do assunto de que o menor preço é a principal causa do fracasso dos contratos públicos. No entanto, o problema das contratações públicas não se resume a preço, pois outros dois fatores afetam diretamente o desempenho da gestão do contrato, e a solução independe de alteração legal: objeto do contrato bem definido e fiscalização eficaz.

Sendo assim, mesmo contratando pelo menor preço, ao se investir em projetos de qualidade, em editais bem elaborados e em uma fiscalização preparada, o mercado se ajusta e, em médio prazo, os resultados aparecem. A questão é que se busca uma solução rápida para o problema e, por vezes, os princípios da legalidade, do julgamento objetivo e da igualdade são feridos.

3.2 O princípio da igualdade

Para aplicação da lei, devem ser observados os princípios que norteiam todo o processo licitatório e de contratação pública, tais como da legalidade, da impessoalidade, da moralidade, da publicidade, da eficiência, do interesse público, da probidade administrativa, da igualdade, do planejamento, da transparência, da eficácia, da segregação de funções, da motivação, da vinculação ao edital, do julgamento objetivo, da segurança jurídica, da razoabilidade, da competitividade, da proporcionalidade, da celeridade, da economicidade e do desenvolvimento nacional sustentável. Dentre todos esses, o mais citado em recursos e pedidos de impugnação de editais é o da igualdade, também conhecido como o da isonomia. Para evitar ferir esse princípio, é importante que o responsável pela elaboração do edital e seus anexos não inclua nenhuma exigência sem o respectivo respaldo legal, e a fiscalização atente para as condições em que ocorreu a licitação, consultando o edital, seus anexos e as decisões tomadas pela Administração.

Um exemplo hipotético comum de não atendimento ao princípio da isonomia é quando o prazo de execução, previsto em edital para uma obra a ser contratada, é tecnicamente inviável. Porém, o fiscal concorda com a justificativa técnica de que o cronograma deve ser revisto e aceita um aditivo contratual de dilação de prazo. Apesar da comprovada inviabilidade técnica de se executar uma obra no prazo previsto em contrato, a situação retrata uma irregularidade, pois, para se prorrogar o prazo de execução, a justificativa não pode ser baseada em fatos e informações já conhecidas na fase do processo licitatório. A análise estritamente técnica e gerencial pode induzir a erros de interpretação, levando o fiscal a aceitar indevidamente motivos de atraso já possíveis de serem percebidos na fase licitatória. Entende-se que motivos não relacionados à falha gerencial ou impossíveis de serem observados na fase licitatória, tais como alteração do projeto ou especificações pela Administração; superveniência de fato excepcional ou imprevisível; interrupção da execução do contrato ou diminuição do ritmo de trabalho por ordem e no interesse da Administração; aumento das quantidades inicialmente previstas no contrato; impedimento de execução do contrato por fato ou ato de terceiro; e omissão ou atraso de providências a cargo da Administração são situações previstas como atrasos justificáveis. Cabe ao gestor público e ao contratado acompanharem a doutrina e jurisprudência, para verificarem se outras justificativas poderão ser aceitas em um possível pleito de dilação de prazo de execução.

Na situação hipotética citada, entende-se que o fiscal, aceitando indevidamente um acréscimo de prazo de execução, proporcionou uma vantagem indevida ao contratado. Se o prazo é considerado inviável, a empresa deveria ter se manifestado durante a divulgação do edital. Caso contrário, aceitou as condições impostas pela Administração. Sendo assim, o princípio da isonomia não é atendido, porque o prazo muito curto foi uma condição que afetou o custo e a decisão de outros licitantes em participar do processo licitatório. Uma forma se de constatar se o princípio da igualdade está sendo respeitado é verificar se o fato que justifica um determinado ajuste contratual, caso tivesse ocorrido inicialmente durante a licitação, influenciaria a participação de outros licitantes; mudaria a ordem de classificação das propostas; ou afetaria a habilitação de alguma licitante. Se, por menor que seja a chance, a resposta for sim, esse ajuste fere o princípio da isonomia e não pode ser aceito.

Nessa situação, caso não seja caracterizada nenhuma justificativa, caberá à Administração Pública apenar a contratada e rescindir o contrato, realizando em seguida um novo processo licitatório do remanescente, inserindo no projeto básico ou termo de referência um cronograma de execução ajustado. O problema apresentado não se limita apenas a prazos inviáveis, mas também a qualquer alteração contratual que possa caracterizar vantagem indevida, como modificações de projeto, aumento e diminuição de quantitativos, e outros ajustes que venham a gerar ganhos indevidos.

Uma forma para verificar a viabilidade de possíveis ajustes contratuais é consultar o caderno de perguntas e respostas da licitação. Em nenhuma circunstância a fiscalização pode contrariar algo que foi decidido pela comissão de licitação. Exceto se a decisão tenha sido ilegal, porém, nesse caso a licitação pode se tornar nula e, consequentemente, o próprio contrato. A legislação veda ao agente público criar restrições no processo licitatório não previstas e que prejudiquem a competitividade, tais como admitir, prever, incluir ou tolerar situações que comprometam, restrinjam ou frustrem o caráter competitivo do processo licitatório; estabeleçam preferências ou distinções em razão da naturalidade, da sede ou do domicílio dos licitantes; e sejam impertinentes ou irrelevantes para o objeto específico do contrato.

Sendo assim, cabe também aos licitantes estudarem o edital e, caso constatem alguma dificuldade de interpretação, consultem a comissão de licitação para os devidos esclarecimentos, sendo registrado tudo no processo. Caso seja verificada qualquer irregularidade, deve-se impugnar o edital.

3.3 Sequência para licitar

A antiga norma geral de licitações públicas, Lei nº 8.666/93, define como sequência de julgamento iniciar o processo pela análise de habilitação e, posteriormente, a de propostas, sendo que os prazos de recursos e contrarrazões são abertos logo após cada uma dessas etapas, o que consome um tempo significativo durante o processo licitatório. Contribui também para o prolongamento do prazo de licitação a necessidade de se avaliar os documentos de habilitação e propostas de todas as licitantes, pois ao final do certame se teria elencadas todas as propostas classificadas. A literatura que trata de gestão de contratos privados recomenda a análise de propostas somente no final do processo de seleção ou concorrência, pois não há sentido em se avaliar preço de propostas de empresas que não apresentam condições mínimas para executar o contrato. Por esse motivo a legislação anterior determinava essa sequência para licitar.

Em licitações regidas pela nova norma geral, a Lei nº 14.133/21, como o caso do pregão e da lei das estatais, o processo começa pela abertura de propostas, com julgamento de proposta e habilitação somente da licitante vencedora. Nessas situações em que a fase de abertura de propostas ocorre antes da habilitação, caso uma licitante declare no início do certame que atende às condições de habilitação, e posteriormente constata-se que não as cumpriu, cabe aplicação de penalidades, o que inibe apresentação de propostas inválidas, sendo convocada as demais, em ordem de classificação, para análise de proposta e habilitação.

Aliado à inversão de fases, ocorre a existência de um prazo recursal único, o que agiliza significativamente o processo licitatório, sem afetar a qualidade na contratação. Nesse caso, os licitantes terão a chance de apresentar recursos apenas no final do processo, após a divulgação do resultado.

3.4 A participação de consórcios

A interpretação legal prevê como regra que as empresas podem participar de licitação mediante formação de consórcios. Dessa forma, o edital permite às empresas, que sozinhas não possuem as condições de habilitação mínimas, participarem do certame, atendendo assim ao princípio da isonomia. Uma vantagem para a Administração de se permitir o consórcio é a possibilidade de redução de subcontratações, o que onera menos o contrato, pois se evita a bitributação.[11] Caso o edital proíba a constituição de consórcio, essa proibição deve ser justificada e constar no edital.

Além da possibilidade de que as empresas se consorciem, outra questão é fundamental: quantos podem participar do mesmo consórcio? Não havendo uma limitação em determinadas situações, se corre o risco de todas as empresas da região se juntarem em um único consórcio e não haver disputa. Nesses casos, devidamente justificado no processo e com aprovação da autoridade competente, é permitido um limite máximo de número de empresas em um mesmo consórcio.

---

[11] No caso de consórcio, as empresas atuam como se fossem uma única contratada, com CNPJ próprio. No caso de subcontratação, o preço do serviço de uma subcontratada, composto de custos e lucro, será acrescido pelo contratado principal de seu lucro mais imposto reincidente.

Outro aspecto é a constituição formal do consórcio, que só poderá ser exigida antes da assinatura do contrato. Dessa forma, durante a licitação as empresas apenas apresentam um compromisso de constituição de consórcio, definindo os percentuais de participação de cada uma e a designação da líder, que representará as demais durante o processo, podendo ser aceita a substituição de consorciados, desde que autorizado.

3.5 Projeto básico x projeto executivo

Há uma grande confusão de interpretação do que é um projeto básico, e qual a sua diferença em relação ao projeto executivo. Na Engenharia, conceitualmente o projeto se divide em fases, que vai da elaboração do anteprojeto, passa pela fase de projeto básico e é finalizado com o projeto executivo. Não há uma separação física, no documento final, das diversas fases, pois a etapa seguinte representa uma evolução da etapa anterior. Sendo assim, pelo enfoque técnico, o que distingue uma etapa da sua anterior é o grau de qualidade das informações que constam no projeto. Isto é, um projeto básico tem deficiências de informações em relação ao executivo, tanto para orçar quanto para executar a obra ou serviço, sendo o básico um projeto considerado tecnicamente incompleto para execução.

Entretanto, ao se analisar a definição de projeto básico que consta nas legislações vigentes, se conclui que o projeto básico é, na verdade, um projeto de engenharia completo. Para se chegar a essa conclusão, deve-se verificar todos os pontos da definição prevista na legislação vigente, tomando por base a Norma Geral de Licitações, a Lei nº 14.133/21, em seu Art. 6º, inciso XXV:

> *Projeto básico*: conjunto de elementos necessários e suficientes, com *nível de precisão adequado* para definir e dimensionar perfeitamente a obra ou o serviço, ou o complexo de obras ou de serviços objeto da licitação, elaborado com base nas indicações dos estudos técnicos preliminares, que assegure a viabilidade técnica e o adequado tratamento do impacto ambiental do empreendimento e que possibilite a avaliação do custo da obra e a definição dos métodos e do prazo de execução, *devendo conter os seguintes elementos*:
>
> a) levantamentos topográficos e cadastrais, sondagens e ensaios geotécnicos, ensaios e análises laboratoriais, estudos socioambientais e *todos os demais dados e levantamentos necessários para execução da solução escolhida*;

b) soluções técnicas globais e localizadas, *suficientemente detalhadas*, de forma a *evitar*, quando da elaboração do projeto executivo e da realização das obras e montagem, a *necessidade de reformulações ou variantes* no que tange à qualidade, preço e ao prazo inicialmente definidos;

c) *identificação dos tipos de serviços a executar e de materiais e equipamentos a incorporar à obra*, bem como suas especificações, de modo assegurar os melhores resultados para o empreendimento e a segurança executiva na utilização do objeto, para os fins a que se destina, considerados os riscos e perigos identificáveis, *sem frustrar o caráter competitivo* para a sua execução;

d) informações que *possibilitem* o estudo e a *definição de métodos construtivos, instalações provisórias e condições organizacionais* para a obra, *sem frustrar o caráter competitivo* para a sua execução;

e) *subsídios para montagem do plano de licitação e gestão da obra*, compreendendo a sua programação, a estratégia de suprimentos, as normas de fiscalização e outros dados necessários em cada caso;

f) *orçamento detalhado do custo global da obra, fundamentado em quantitativos de serviços e fornecimentos propriamente avaliados, obrigatório* exclusivamente para os regimes de execução previstos nos incisos I, II, III, IV e VII do caput do art. 46 desta Lei; (grifo nosso). (BRASIL, 2021).

Ao se destacar partes da definição do que é um projeto básico, observa-se que a lei esclarece a necessidade de um projeto de engenharia completo. Como exemplo, pode-se verificar a necessidade ou não de se detalhar a armadura da estrutura de concreto armado de um prédio. Muitas unidades administrativas licitam a construção de uma edificação apenas com a taxa de armadura, deixando para elaboração do projeto executivo o detalhamento completo das lajes, vigas e pilares.

Entretanto, de acordo com a alínea b, o projeto básico deva ter soluções *suficientemente detalhadas*, de forma a *minimizar* a necessidade de reformulação ou de variantes. O uso de taxa de armadura não atende essa exigência, pois conduz a ajustes das peças estruturais durante o seu detalhamento.

Porém, se um projeto básico para licitar é um projeto de engenharia completo, pode-se perguntar o que resta de informação para se obter um projeto executivo? As respostas estão na alínea d "informações que possibilitem o estudo e a definição de métodos construtivos, instalações provisórias e condições organizacionais para a obra…" e na alínea e "… subsídios para montagem do plano de […] gestão da obra, compreendendo a sua programação, a estratégia de suprimentos…". Isto é, o projeto executivo contempla informações que dependem exclusivamente de quem realmente irá executar a obra, cabendo a quem elabora o projeto básico estimar os valores desses itens, que, obrigatoriamente, serão ajustados pelo construtor. O que leva a dúvidas é a própria definição legal de projeto executivo nas diversas legislações, cuja definição legal está alinhada com a definição técnica, tomando por base a Norma Geral de Licitações, a Lei nº 14.133/21, em seu Art. 6º, inciso XXVI:

> *Projeto executivo: conjunto de elementos necessários e suficientes à execução completa da obra*, contendo o detalhamento das soluções previstas no projeto básico, identificação de serviços, materiais e equipamentos a incorporar à obra, bem como suas especificações técnicas, de acordo com as normas técnicas pertinentes; (grifo nosso). (BRASIL, 2021).

Assim sendo, de acordo com a norma legal, conclui-se que o projeto básico para licitar é o projeto de engenharia completo, com todos os seus projetos complementares, enquanto o projeto executivo envolve o planejamento e gerenciamento da obra, atribuições do construtor. Essa interpretação está alinhada com a do TCU, de que o projeto básico deve ser tecnicamente o mais completo possível.

3.6 A importância do orçamento de referência

Um dos assuntos mais polêmicos quando se discute obras públicas é a questão do orçamento de referência, que é um componente do projeto básico. Ao se licitar a aquisição de uma mesa, o levantamento do preço de referência é baseado em uma simples cotação de preços, em que ele é representado pela média de, pelo menos, três propostas. Nesse caso ninguém está preocupado com a quantidade de horas que o carpinteiro consome de madeira, pregos e cola; com os custos administrativos; ou se o fornecedor terá um lucro de 10% ou 100% para produzir uma mesa.

No caso de obras o objeto é único e de valor significativo, não tendo sentido fazer uma cotação de preço da obra a ser licitada. Isso porque a orçamentação, dentre outros motivos, exige um responsável técnico pela sua elaboração.

A planilha orçamentária de uma obra é composta basicamente de serviços, quantidades, preços unitários, preços totais dos serviços e preço total da obra. Os serviços e suas quantidades são obtidos do projeto, podendo ter uma pequena variação devido a critérios de quantificação e composição de serviços adotados por quem elabora o orçamento.

Entretanto, o valor dos serviços é um fator que depende do objetivo do orçamento. A Administração Pública utiliza-se obrigatoriamente de referências oficiais para orçar, sendo o SICRO e o SINAPI as tabelas adotadas para obras executadas com recursos federais, onde as composições desses dois sistemas estão disponíveis na Internet. Porém, como a CAIXA e o DNIT (instituições responsáveis por manter, respectivamente, o SINAPI e o SICRO) chegaram às composições de custos dos serviços que compõem os sistemas, se nenhuma delas executa obras diretamente? Em outras palavras, as composições dessas duas tabelas são todas teóricas, assim como qualquer tabela de referência, pública ou privada. Contudo, para o fim a que se destinam, elas atendem bem a finalidade, pois o objetivo do orçamento de referência é evitar que o contratante pague um preço excessivo pela execução do contrato. Já o orçamento da proposta representa o preço que o contratado aceita receber pelos serviços a serem prestados.

O Conselho Federal de Engenharia e Agronomia – Confea, de acordo com suas atribuições conferidas pelas alíneas "d" e "f", parágrafo único do artigo 27 da Lei nº 5.194, de 24 de dezembro de 1966, define essa atribuição como atividade técnica de engenharia e arquitetura, conforme Resolução Confea nº 1.010/2005:

> Art. 5º Para efeito de fiscalização do exercício profissional dos diplomados no âmbito das profissões inseridas no Sistema Confea/Crea, em todos os seus respectivos níveis de formação, ficam designadas as seguintes atividades, que poderão ser atribuídas de forma integral ou parcial, em seu conjunto ou separadamente, observadas as disposições gerais e limitações estabelecidas nos arts. 7º, 8º, 9º, 10 e 11 e seus parágrafos, desta Resolução: [...]
> Atividade 09 – Elaboração de orçamento;
> [...]
> Atividade 12 – Fiscalização de obra e serviço. [...] (BRASIL, 2005).

Cabe ressaltar que essa resolução limita as atribuições às respectivas especialidades. Senso assim, somente arquitetos e engenheiros civis ou de fortificação e construção[12] estão aptos a elaborar, analisar e fiscalizar orçamentação de obras de edificação. Se as obras forem

---

[12] Engenheiro de Fortificação e Construção é aquele profissional que cursou e concluiu o curso de Graduação em Engenharia de Fortificação e Construção no Instituto Militar de Engenharia – IME, cujo currículo é equivalente ao de Engenharia Civil, sendo a denominação de origem histórica.

rodoviárias, aeroportuárias, de pontes e grandes estruturas, somente engenheiros civis ou de fortificação e construção poderão fazê-lo.

Mesmo dentro de cada especialidade, ainda há a limitação de atuação oriunda da análise do perfil profissional do diplomado, de seu currículo integralizado e do projeto pedagógico do seu curso. Isto é, o engenheiro civil só poderá atuar inicialmente nas áreas delimitadas pelo Confea/Crea,[13] mediante análise de seu currículo acadêmico.

Resolução Confea nº 1010/2005:

Art. 7º A atribuição inicial de títulos profissionais, atividades e competências para os diplomados nos respectivos níveis de formação, nos campos de atuação profissional abrangidos pelas diferentes profissões inseridas no Sistema Confea/Crea, será efetuada mediante registro e expedição de carteira de identidade profissional no Crea, e a respectiva anotação no Sistema de Informações Confea/Crea – SIC.

Art. 8º O Crea, atendendo ao que estabelecem os arts. 10 e 11 da Lei nº 5.194, de 1966, deverá anotar as características da formação do profissional, com a correspondente atribuição inicial de título, atividades e competências para o exercício profissional, levando em consideração as disposições dos artigos anteriores e do Anexo II desta Resolução.

§1º O registro dos profissionais no Crea e a respectiva atribuição inicial de título profissional, atividades e competências serão procedidos de acordo com critérios a serem estabelecidos pelo Confea para a padronização dos procedimentos, e dependerão de análise e decisão favorável da(s) câmara(s) especializada(s) do Crea, correlacionada(s) com o respectivo âmbito do(s) campos(s) de atuação profissional.

§2º A atribuição inicial de título profissional, atividades e competências decorrerá, rigorosamente, da análise do perfil profissional do diplomado, de seu currículo integralizado e do projeto pedagógico do curso regular, em consonância com as respectivas diretrizes curriculares nacionais.

---

[13] Crea – Conselho Regional de Engenharia e Agronomia.

Observa-se que, caso alguém elabore um orçamento de obra sem estar devidamente habilitado, irá exercer ilegalmente a profissão de engenheiro, cabendo ao Crea fiscalizar essa atividade.[14]

Entretanto, muitos podem questionar a necessidade de um engenheiro, com formação na área, para realizar um orçamento de obras, tendo em vista que o documento final se resume a uma simples planilha com serviços, quantidades e valores, não parecendo aos olhos de leigos algo que exija conhecimentos específicos. Para esclarecer essa possível dúvida, cabe uma apresentação sucinta da necessidade de conhecimento técnico específico para a elaboração de um orçamento.

Uma das primeiras atividades ao se orçar uma obra é o levantamento dos serviços que a compõe. Isso é feito estudando minuciosamente o projeto e extraindo dele todas as atividades necessárias para sua execução. Além do estudo do projeto, deve-se vistoriar o local da obra, registrar os fatores que afetam a sua execução e levantar todas as necessidades logísticas e operacionais.

Com essas informações, o próximo passo é conceber um plano de execução da obra. Essa etapa é importante, pois uma simples indefinição, como o caso de o serviço ser executado com equipamentos próprios, alugados ou por empresa terceirizada, afeta diretamente o seu custo.

Definidos todos esses parâmetros, que exigem conhecimento específico de engenharia, levantam-se as quantidades dos serviços e seus respectivos custos. Nessa etapa esses custos são representados em fichas de composição, que apresentam o consumo de material, mão de obra e equipamentos para produzir uma unidade de medida, e seus respectivos valores, conforme já abordado no capítulo anterior.

3.7 A análise das propostas de preços

Após a definição da proposta mais vantajosa, cabe à comissão de licitação a análise da documentação apresentada. Uma medida muito comum é a comissão se debruçar nas composições de custos apresentadas pela licitante, e muitas vezes equivocadamente desclassificar propostas cujos possíveis erros foram itens de composição e coeficientes divergentes das composições de custos de referência. Cabe destacar que, se a empresa realmente elaborou um orçamento tecnicamente adequado à

---

[14] As atividades de engenharia comuns às atividades de arquitetura também são fiscalizadas pelo Conselho de Arquitetura e Urbanismo – CAU, dentre elas orçamentação de obras de edificações, que são atribuições comuns de engenheiro civil e arquiteto.

sua forma de execução, certamente as composições serão diferentes das do orçamento de referência. Em muitos casos isso é um bom sinal, pois indica que o orçamentista de fato estudou o projeto e as condições locais, ajustando suas composições às produtividades, métodos construtivos e demais peculiaridades da empresa construtora.

Aproveitando os exemplos de ficha de composição de custos unitários do capítulo anterior, de 500 m² de pintura PVA interna de parede sobre massa corrida, sendo a primeira uma ficha de composição do orçamento de referência, e a segunda a composição da proposta mais vantajosa.

Orçamento de referência

Insumos	Coeficiente	Unidade	Preço Unitário	Preço por m²
Massa corrida	0,80	L	3,75	3,00
Lixa para massa corrida	1,00	FL	0,50	0,50
Tinta látex PVA	0,20	L	15,00	3,00
Pintor	1,25	H	8,40	10,50
Servente	1,00	H	7,00	7,00
Custo total por m²				24,00
500 m² de pintura			12.000,00	

Proposta mais vantajosa

Insumos	Coeficiente	Unidade	Preço Unitário	Preço por m²
Massa corrida	0,80	L	3,75	3,00
Lixa para massa corrida	1,00	FL	0,50	0,50
Tinta látex PVA	0,20	L	15,00	3,00
Pintor	0,50	H	8,40	4,20
Servente	1,00	H	7,00	7,00
Custo total por m²				17,70
500 m² de pintura			8.850,00	

Constata-se que a proposta tem um preço inferior ao de referência, sendo que os valores unitários dos insumos são os mesmos. O que muda são os coeficientes de pintor e servente, que na proposta mais vantajosa inferem uma produtividade maior do que o do orçamento de referência. O questionamento que poderia ser feito: a licitante realmente tem condições de executar esse serviço com uma produtividade menor do que a prevista no orçamento de referência? Não basta a comissão deduzir se a produtividade é possível ou não de ser alcançada, e sim provar, o que é inviável de ser feito durante o processo licitatório. Até mesmo porque as composições de referência são teóricas e, a princípio, as da proposta podem ter sido obtidas por apropriação de custos. Uma forma possível de se constatar que a licitante está apresentando um coeficiente de produtividade errado é verificar, durante a execução do serviço, se ela consegue atender ao prazo de execução contratual. Porém, o processo licitatório já ocorreu, o contrato foi assinado e a ordem de serviço emitida. Sendo assim, a melhor forma de inibir propostas com valores muito baixos é elaborar projetos bem-feitos e fiscalizar bem.

Outra situação que pode ocorrer durante a análise da proposta vantajosa são divergências de valores de insumos:

Orçamento de referência

Insumos	Coeficiente	Unidade	Preço Unitário	Preço por m²
Massa corrida	0,80	L	3,75	3,00
Lixa para massa corrida	1,00	FL	0,50	0,50
Tinta látex PVA	0,20	L	15,00	3,00
Pintor	1,25	H	8,40	10,50
Servente	1,00	H	7,00	7,00
Custo total por m²				24,00
500 m² de pintura			12.000,00	

Proposta mais vantajosa

Insumos	Coeficiente	Unidade	Preço Unitário	Preço por m²
Massa corrida	0,80	L	3,00	2,40
Lixa para massa corrida	1,00	FL	0,25	0,25
Tinta látex PVA	0,20	L	10,50	2,10
Pintor	1,25	H	7,00	8,75
Servente	1,00	H	4,50	4,50
Custo total por m²				18,00
500 m² de pintura			9.000,00	

Nesse caso, os coeficientes foram mantidos e os custos unitários dos insumos são diminuídos. Em relação aos materiais, uma justificativa usada para valores menores é a disponibilidade desse material em estoque na empresa, que muitas vezes se perderá pela expiração de prazo de validade, caso não sejam aplicados rapidamente. Justificativa essa que pode ser diligenciada e facilmente aceita. O problema está no custo horário da mão de obra, que não pode ser inferior ao piso salarial da categoria. Entretanto, esse possível erro no orçamento pode e deve, se possível, ser sanado.

O valor da mão de obra abaixo do piso salarial traz preocupação para a fiscalização, contudo a legislação preserva a Administração desses encargos em relação à execução de obras, ressalvada a contratação de serviços continuados. Caso seja constatado um vício no valor dos salários, por estarem abaixo do piso salarial, e a licitante fazer o ajuste a seguir, dificilmente haverá justificativa para desclassificação da proposta, até mesmo porque o valor ainda ficou menor do que a proposta inicial.

Proposta mais vantajosa

Insumos	Coeficiente	Unidade	Preço Unitário	Preço por m²
Massa corrida	0,80	L	3,00	2,40
Lixa para massa corrida	1,00	FL	0,25	0,25
Tinta látex PVA	0,20	L	10,50	2,10
Pintor	1,25	H	7,00	8,75
Servente	1,00	H	4,50	4,50
Custo total por m²				18,00
500 m² de pintura			9.000,00	

Proposta mais vantajosa ajustada

Insumos	Coeficiente	Unidade	Preço Unitário	Preço por m²
Massa corrida	0,80	L	3,00	2,40
Lixa para massa corrida	1,00	FL	0,25	0,25
Tinta látex PVA	0,20	L	10,50	2,10
Pintor	0,95	H	8,40	7,98
Servente	0,75	H	7,00	5,25
Custo total por m²				17,98
500 m² de pintura			8.990,00	

A comissão de licitações deve tomar cuidado ao desclassificar propostas cujos preços são considerados muito baixos, devendo comprovar formalmente a inexequibilidade do preço. Caso contrário, corre o risco de não classificar a proposta com menor preço possível e ter que responder aos órgãos de controle por um possível sobrepreço. No caso apresentado, só é possível comprovar que o ajuste nos coeficientes apresentado pela empresa é falso durante a execução da obra, após a contratação. Entretanto esse julgamento deve ocorrer na fase de análise de propostas. Devido a essa dificuldade de comprovação, uma prática comum é classificar a proposta, devido à falta de critério objetivo para analisar a sua exequibilidade.

3.8 A importância do BDI na elaboração e análise de propostas

O BDI, como já visto no capítulo anterior, é composto de parcelas que representam todos aqueles custos que não foram considerados como diretos, acrescido do lucro. No caso de obras públicas, os custos de mobilização/desmobilização e administração local devem ser considerados como diretos, compondo itens da planilha orçamentária.

Os custos com riscos e eventuais, administração central e encargos financeiros dependem de cada empresa, condicionados ao custo de capital, tratamento aos riscos envolvidos, capital de giro, fluxo de caixa, despesas administrativas e outros. Os custos com impostos dependem do regime tributário da empresa e das alíquotas definidas pelo Poder Público, como o exemplo do ISSQN, tributo municipal que varia de 2% a 5%.

Como a Administração Pública, ao elaborar um orçamento para licitar determinada obra, não fará sua execução de forma direta, as parcelas de custos indiretos e lucro que compõem o BDI do orçamento de referência seguem percentuais previamente definidos. Porém, cada licitante deve elaborar sua própria composição de BDI, considerando seus custos indiretos próprios e o lucro almejado. Sendo assim, é descabida a desclassificação de uma licitante por apresentar uma planilha de BDI diferente da do orçamento de referência. Pelo contrário, a apresentação de uma planilha diferente infere que a empresa elaborou o orçamento de forma adequada, e não simplesmente copiou os percentuais disponibilizados no edital.

Desse modo, caso a licitante apresente um percentual de BDI superior ao do edital, mas cujos preços unitários e global sejam iguais ou inferiores ao do orçamento de referência, não é motivo de desclassificação.

Contudo, cabe alguns cuidados que dependem de cada situação, principalmente com a adoção dos percentuais de tributos que podem sofrer diferenciação, como o ISSQN, que depende do município onde o contrato está sendo executado. Supondo que um licitante elaborou uma composição de BDI considerando um percentual de ISSQN de 5%, e de fato paga um percentual de 2%, durante a execução do contrato a interpretação atual dos órgãos de controle é que se deve reduzir o valor do contrato, adotando-se o percentual de 2%. Porém, na situação inversa, caso a proposta apresente um percentual de 2% e a alíquota correta é de 5%, a contratada não tem direito ao ajuste de valor. A única exceção é caso o imposto sofra uma alteração de percentual em data posterior à da apresentação das propostas.

Outro cuidado na definição da alíquota de ISSQN é na execução de obras que englobam em mais de um município, como o caso de construção rodoviária. O BDI do orçamento inicial deve considerar uma média ponderada. Entretanto, no caso de acréscimos de serviços, esse percentual médio também deve ser ajustado.

3.9 O preço inexequível

A lei prevê desclassificação por preço inexequível, sendo comum se deduzir que o preço inexequível é aquele cujo valor é significativamente baixo. Porém, uma definição adequada de preço inexequível é aquele cujo valor do contrato é inferior aos custos para executá-lo. Sendo assim, a desclassificação por preço inexequível não significa que é permitida a fixação de preços mínimos, critérios estatísticos ou faixas de variação em relação a preços de referência, pois além de não haver previsão legal, nem sempre um preço muito baixo é de fato inexequível. Por exemplo, se uma empresa possui em seu estoque uma quantidade significativa de tinta, cujo prazo de validade está próximo de expirar, e surge uma oportunidade de aplicar imediatamente esse material em uma obra em vias de ser licitada, a utilização de um preço irrisório não caracteriza preço inexequível, sendo de fácil constatação com a realização de uma diligência. A grande dificuldade está nos casos de produtividades elevadas, como no exemplo apresentado no item anterior.

Para amenizar a dificuldade de se caracterizar tecnicamente preço inexequível, a norma geral de licitações atual prevê que, no caso de obras e serviços de engenharia e arquitetura, consideram-se inexequíveis as propostas cujos valores sejam inferiores a 75% (setenta por cento) do valor orçado pela Administração, sem prejuízo de se realizar diligências para aferir a exequibilidade das propostas ou exigir dos licitantes que ela seja demonstrada. Dessa forma, mesmo que o preço seja menor do que o limite legal de exequibilidade, deve-se analisar caso a caso, o que gera dificuldade para a comissão de licitação, pois, como visto anteriormente, é fácil "demonstrar a exequibilidade de um preço inexequível".

Por outro lado, ao se contratar uma obra ou serviço por preço inexequível, as consequências para a fiscalização são enormes, pois a contratada irá buscar nos erros de projetos, nas pressões por término da obra no prazo previsto e no desconhecimento gerencial e legal do fiscal, motivos para aditivos de prazo e valor. Nesse momento é importante que o fiscal esteja muito bem capacitado e conheça, não só os projetos e especificações, mas também o contrato, o edital e o processo licitatório, pois um aditivo errado gera ganho indevido para a contratada e compromete diretamente o gestor público perante o controle. Até mesmo um inofensivo aditivo para dilação de prazo tem consequências graves, pois vantagens para o contratado não previstas no edital ferem o princípio da isonomia.[15] A fiscalização deve estar atenta, pois um aditivo contratual de acréscimo de valores ou a contratada não atender aos parâmetros de qualidade exigidos no projeto para compensar a perda financeira pode caracterizar superfaturamento.

3.10 Diferença entre sobrepreço e superfaturamento

Outra preocupação tanto à elaboração do orçamento de referência como do orçamento da proposta é a possibilidade de haver sobrepreço no contrato, quando os preços orçados para a licitação ou os preços contratados são expressivamente superiores aos preços referenciais de mercado.

O sobrepreço pode ser constatado de diversas formas, como erros de quantitativos, falhas na cotação de preços, composições com insumos desnecessários ou até mesmo coeficientes inadequados nas

---

[15] Quando uma contratada recebe um benefício não previsto em edital, a interpretação é que outros possíveis licitantes não participaram do processo licitatório, por considerarem que o empreendimento era inviável para eles sem essa vantagem.

composições. Cabe destacar que, em muitos casos, esse vício pode ser sanado, desde que não se tenha efetivado o pagamento relativo ao item com sobrepreço. Caso contrário se configura outra irregularidade, o superfaturamento, cuja consequência é o dano ao patrimônio que pode caracterizado, por exemplo: pela medição de quantidades superiores às efetivamente executadas ou fornecidas; pela deficiência na execução de obras e serviços de engenharia que resulte em diminuição da qualidade, da vida útil ou da segurança; por alterações no orçamento de obras e de serviços de engenharia que causem o desequilíbrio econômico-financeiro do contrato em favor do contratado; ou por outras alterações de cláusulas financeiras que gerem recebimentos contratuais antecipados, distorção do cronograma físico-financeiro, prorrogação injustificada do prazo contratual com custos adicionais para a Administração ou reajuste irregular de preços.

Observa-se que tudo que pode levar a um pagamento indevido gera superfaturamento. Dessa forma, todo serviço com sobrepreço, quando na realização do respectivo pagamento, ocorre seguidamente o superfaturamento. Além disso, qualquer ajuste contratual que traga prejuízo para a Administração também enseja nessa irregularidade, daí a necessidade de a fiscalização ter pleno conhecimento não só do projeto, mas também do contrato, do edital e seus anexos, do caderno de perguntas e respostas, e de todas as decisões tomadas pela comissão de licitação.

3.11 O jogo de planilhas

Durante a licitação de uma obra ou serviço de engenharia, a preocupação constante dos gestores e dos órgãos de controle é com a manipulação do orçamento da proposta, muito conhecida como "jogo de planilhas", que visa obter vantagem futura durante a execução do contrato.

O critério de aceitabilidade das propostas, como regra, é o menor preço, e a análise é realizada comparando-se os valores globais de cada planilha, sendo a proposta vencedora aquela que apresenta o menor valor total.

Entretanto, ao se deter apenas no preço global, a comissão de licitação poderá obter como melhor proposta aquela que não seja a mais vantajosa, e para ilustrar essa questão, segue abaixo um exemplo hipotético de um orçamento elaborado por um licitante e seu respectivo cronograma físico-financeiro:

Fluxo de caixa inicial

Atividades	Orçamento	jan	fev	mar	abr	mai	jun	jul	ago	set	out
A	2.000,00	2.000,00									
B	3.000,00	1.000,00	1.000,00	1.000,00							
C	4.000,00		2.000,00	2.000,00							
D	9.000,00		1.000,00	3.000,00	3.000,00	2.000,00					
E	15.000,00			1.000,00	8.000,00	6.000,00					
F	27.000,00				3.000,00	9.000,00	12.000,00	3.000,00			
G	12.000,00					5.000,00	5.000,00	2.000,00			
H	16.000,00						3.000,00	5.000,00	6.000,00	2.000,00	
I	12.000,00							1.000,00	3.000,00	5.000,00	3.000,00
Total	100.000,00										
Fluxo		3.000,00	4.000,00	7.000,00	14.000,00	22.000,00	20.000,00	11.000,00	9.000,00	7.000,00	3.000,00
Fluxo Acumulado		3.000,00	7.000,00	14.000,00	28.000,00	50.000,00	70.000,00	81.000,00	90.000,00	97.000,00	100.000,00

Porém, a distribuição das receitas e despesas no fluxo de caixa influencia diretamente no ganho da contratada. Caso o licitante que elaborou a proposta anterior decida manipular o orçamento, conforme tabela a seguir, para ajustar o fluxo de caixa e antecipar receitas, o prejuízo para o contratante é certo:

Fluxo de caixa distorcido

Atividades	Orçamento	jan	fev	mar	abr	mai	jun	jul	ago	set	out
A	10.000,00	10.000,00									
B	19.000,00	12.000,00	5.000,00	2.000,00							
C	14.000,00		10.000,00	4.000,00							
D	14.000,00		5.000,00	6.000,00	2.000,00	1.000,00					
E	12.000,00			2.000,00	6.000,00	4.000,00					
F	11.000,00				3.000,00	3.000,00	4.000,00	1.000,00			
G	6.000,00					1.000,00	3.000,00	2.000,00			
H	7.000,00						1.000,00	2.000,00	3.000,00	1.000,00	
I	7.000,00							1.000,00	1.000,00	2.000,00	3.000,00
Total	100.000,00										
Fluxo		22.000,00	20.000,00	14.000,00	11.000,00	9.000,00	8.000,00	6.000,00	4.000,00	3.000,00	3.000,00
Fluxo Acumulado		22.000,00	42.000,00	56.000,00	67.000,00	76.000,00	84.000,00	90.000,00	94.000,00	97.000,00	100.000,00

A manipulação acima foi financeira, com a elevação dos valores dos serviços iniciais e a redução dos demais serviços o contratado antecipa receitas que não são compatíveis com os serviços executados, gerando um fluxo de caixa distorcido, contudo sem alterar o valor total. Se a contratada abandonar a execução no quarto mês, ela terá executado 28% da obra, mas receberá 67% do valor do contrato. A Administração Pública não conseguirá contratar o remanescente pelo valor residual, tendo que solicitar um aporte maior de recursos para concluir o empreendimento.

Por outro lado, se a empresa concluir a obra, o gestor pode supor que não houve prejuízo aos cofres públicos, mas a antecipação de receita para o contratado corresponde a uma antecipação de despesa para o contratante e, consequentemente representa um custo financeiro indevido, pois o valor pago antecipadamente poderia ser alocado para outros empreendimentos. Além disso, como é proibido antecipação de pagamentos em contratos públicos, o contratado já é ressarcido em seu BDI pelos custos financeiros oriundos da defasagem temporal entre receitas e despesas.

Outra forma de se ajustar o orçamento por parte da licitante, com intuito de gerar vantagens indevidas na execução do contrato, consiste em verificar se algum serviço poderá ser suprimido ou substituído, reduzindo significativamente esse valor na proposta para garantir um preço global menor, e depois da assinatura do contrato, ao ser trocado, o valor do novo serviço será com o preço de mercado. Isso ocorre quando o projeto básico não tem qualidade, exigindo-se na execução do contrato mudanças significativas do projeto. Um erro comum em projetos básicos de edificações é a falta de sondagens para definição do tipo de fundação: o autor do projeto básico estipula um tipo de fundação que não é o mais adequado, a licitante que conhece a região verifica o erro e atribui um valor reduzido para o serviço, contando com a mudança de projeto.

Para evitar esse "jogo de planilhas", o TCU e demais órgãos de controle inicialmente determinavam teto para os preços dos serviços, e depois a legislação atual passou a tornar obrigatória de aplicação das tabelas de referência (SICRO e SINAPI) como limite máximo de valores. Com isso, a licitante que apresenta um preço superior em um determinado item tem sua proposta desclassificada. Mesmo com essa regra, ainda há possibilidade de ocorrer "jogo de planilhas" quando itens com preços muito baixos são suprimidos durante a execução do contrato, e itens com preços próximos do preço de referência têm suas quantidades acrescidas. Daí a necessidade de se observar a ocorrência de preços unitários com valores irrisórios, o que pode prejudicar a fiscalização do contrato no futuro. Parece pouco preocupante, pois o problema maior seria da contratada, ao apresentar algum item com valor irrisório. Entretanto, o exemplo a seguir retrata um problema grave para a Administração ao se aceitar itens com preços inexequíveis.

Em uma licitação de uma obra, o valor global do orçamento de referência é de 500 mil reais, sendo que duas propostas foram apresentadas, uma de 410 mil reais e outra de 450 mil reais, conforme planilhas abaixo:

Situação durante a licitação

Orçamento de Referência		Proposta A		Proposta B	
Serviço	**Valor**	**Serviço**	**Valor**	**Serviço**	**Valor**
Item 01	R$100.000,00	Item 01	R$100.000,00	Item 01	R$90.000,00
Item 02	R$100.000,00	Item 02	R$100.000,00	Item 02	R$90.000,00
Item 03	R$100.000,00	Item 03	R$100.000,00	Item 03	R$90.000,00
Item 04	R$100.000,00	Item 04	R$100.000,00	Item 04	R$90.000,00
Item 05	R$100.000,00	Item 05	R$10.000,00	Item 05	R$90.000,00
Total:	**R$500.000,00**	**Total:**	**R$410.000,00**	**Total:**	**R$450.000,00**

De acordo com o critério de aceitabilidade menor preço, a proposta A é a mais vantajosa, pois atende os limites de valor de preço global e preço por item. Porém, a licitante aplicou todo o desconto de 90% em um único item, o que gerou um desconto global de 18%. Já a licitante da proposta B aplicou desconto linear de 10% em todo os itens.

A princípio não há nenhum problema nesse processo licitatório. Contudo, a fiscalização deve estar atenta nos casos de acréscimos e supressões de serviços. Supondo que durante a execução do contrato o item 05 seja suprimido, a nova planilha orçamentária teria uma distorção percentual significativa em relação ao orçamento de referência:

Situação após contratação

Orçamento de Referência		Proposta A		Proposta B	
Serviço	**Valor**	**Serviço**	**Valor**	**Serviço**	**Valor**
Item 01	R$100.000,00	Item 01	R$100.000,00	Item 01	R$90.000,00
Item 02	R$100.000,00	Item 02	R$100.000,00	Item 02	R$90.000,00
Item 03	R$100.000,00	Item 03	R$100.000,00	Item 03	R$90.000,00
Item 04	R$100.000,00	Item 04	R$100.000,00	Item 04	R$90.000,00
Item 05	R$100.000,00	Item 05	R$10.000,00	Item 05	R$90.000,00
Total:	**R$400.000,00**	**Total:**	**R$400.000,00**	**Total:**	**R$360.000,00**

Observa-se que, caso a supressão do item 05 tivesse ocorrido antes da licitação, a proposta B seria a mais vantajosa para a Administração, pois manteria um desconto global de 10%, e a proposta A passaria a não ter desconto algum.

A solução é garantir a manutenção do desconto global pela contratada. Porém, nenhuma empresa é obrigada a executar um serviço por um preço que não foi ofertado por ela, e a manutenção do desconto global inicial acarretaria a aplicação de um desconto nos itens remanescentes de 18%:

Proposta A com desconto mantido

Proposta A	
Serviço	**Valor**
Item 01	R$82.000,00
Item 02	R$82.000,00
Item 03	R$82.000,00
Item 04	R$82.000,00
Item 05	R$10.000,00
Total:	**R$328.000,00**

Nesses casos é recomendável não suprimir itens com valores muitos baixos, obrigando, assim, a contratada a executá-los pelos preços apresentados, pois uma nova licitação para executar somente esse item no futuro levaria à contratação com valores maiores. Porém, se realmente há necessidade de se suprimir esse item, e se esse fato for observado antes do início da execução, basta condicionar a continuidade do contrato à aceitação da manutenção do desconto global. Caso contrário, o contrato é rescindido e a segunda colocada no certame é convidada a dar continuidade à obra.

Entretanto, caso os serviços iniciais já tenham sido executados, medidos e pagos, a situação fica mais complicada, pois a supressão do item 05 caracterizaria de imediato que o desconto global não foi atendido. Para sanar esse problema, a solução é solicitar à contratada o ressarcimento dos valores pagos a maior. Contudo, como ela não é obrigada a aceitar, há um grande risco de não se conseguir sanar esse vício administrativamente. Daí a preocupação em tentar verificar essas situações durante a licitação, condicionando a aceitação de propostas, com determinados itens com descontos significativamente altos, à concordância da licitante em manter o desconto global durante a execução do contrato, caso haja alteração nesses itens no decorrer da obra.

Sendo assim, a proposta exequível com itens inexequíveis também é prejudicial à gestão do contrato. Caso tal fato ocorra em uma licitação, a comissão deverá ter um engenheiro com conhecimento de orçamentação para analisar a justificativa da empresa, além de medir os impactos da aceitação no contrato futuro. Isso porque preços irrisórios podem ser plenamente justificados. Como no exemplo de uma situação já apresentada, se a construtora tem estocado um excesso de material que está gerando custos de armazenagem e com risco de seu prazo de validade vencer, ela pode considerar um valor pequeno para esses itens, não caracterizando assim uma manipulação do orçamento para obter vantagem futura. Dessa forma, cada caso deverá ser analisado separadamente por um profissional capacitado.[16] Quanto à manutenção do desconto global, o assunto será apresentado de forma mais detalhada no capítulo seguinte.

3.12 A definição do regime de execução

As diversas legislações vigentes preveem regimes de execução para obras e serviços de engenharia, cujas definições são:

- Empreitada por preço unitário – contratação da execução da obra ou do serviço por preço certo de unidades determinadas;
- Empreitada por preço global – contratação da execução da obra ou do serviço por preço certo e total;
- Empreitada integral – contratação de empreendimento em sua integralidade, compreendendo a totalidade das etapas de obras, serviços e instalações necessárias, sob inteira responsabilidade do contratado até sua entrega ao contratante em condições de entrada em operação, com características adequadas às finalidades para a qual foi contratada e atendidos os requisitos técnicos e legais para sua utilização com segurança estrutural e operacional;
- Contratação por tarefa – regime de contratação de mão de obra para pequenos trabalhos por preço certo, com ou sem fornecimento de materiais;
- Contratação integrada – regime de contratação de obras e serviços de engenharia em que o contratado é responsável por elaborar e desenvolver os projetos básico e executivo, executar obras e serviços de engenharia, fornecer bens ou prestar serviços especiais e realizar montagem, teste, pré-operação

---

[16] Como citado anteriormente, o profissional habilitado para analisar orçamento de obra, dependendo do tipo de obra e de acordo com a sua formação, é engenheiro ou arquiteto.

e todas as demais operações necessárias e suficientes para a entrega final do objeto;

- Contratação semi-integrada – regime de contratação de obras e serviços de engenharia em que o contratado é responsável por elaborar e desenvolver o projeto executivo, executar obras e serviços de engenharia, fornecer bens ou prestar serviços especiais e realizar montagem, teste, pré-operação e todas as demais operações necessárias e suficientes para a entrega final do objeto;

É uma boa prática que o responsável pela definição do regime de execução a ser adotado sempre justifique a sua decisão, mesmo que a legislação considere como preferencial determinado regime, de forma a registrar no processo a correlação entre o regime escolhido e as condições de execução, os riscos envolvidos, o nível de detalhamento do escopo e as características da obra ou serviço a ser executado. Por exemplo, uma obra de reforma predial está sujeita a um grau de incerteza de quantitativos de serviços muito maior do que a construção de um prédio novo. Isso porque, na vistoria prévia em uma reforma, vários vícios podem estar ocultos nos elementos da edificação, que só serão constatados após o início dos trabalhos de demolição. Nesse caso justifica-se a adoção de empreitada por preço unitário. Porém, não se deve justificar a adoção de determinado regime por falhas conhecidas de projeto ou escassez de tempo para a sua conclusão, pois caracterizaria assim falha gerencial, o que pode levar à responsabilização dos gestores.

3.13 Preço global x preço unitário

A primeira comparação a ser apresentada é a diferença entre preço global e preço unitário. Em contratos privados, o regime por preço global transfere para o contratado todos os riscos de eventuais erros de quantidades, não sendo motivo de pleitos contratuais as supressões ou os acréscimos oriundos de erros de quantidades em planilhas orçamentárias, podendo inclusive definir como critério de medição um percentual do valor global do contrato por conclusão de etapas, sem estar correlacionado às quantidades efetivamente executadas. No caso de preço unitário, só serão pagos os serviços efetivamente realizados após a quantificação deles no momento da medição, critério muito utilizado em situações em que se torna inviável quantificá-los antecipadamente, como sondagens, fundações, etc.

No caso de contratos públicos, alguns aspectos devem ser considerados. Um deles é que o orçamento do custo global da obra deve ser detalhado, fundamentado em quantitativos de serviços e fornecimentos propriamente avaliados, no qual as quantidades previstas, independentemente de ser preço global ou unitário, devem ser as mais precisas possíveis, sendo justo a contratada ser ressarcida, caso haja quantidades maiores a serem realizadas.

Contudo, o Tribunal de Contas da União – TCU tem um entendimento diferente de alguns doutrinadores quanto a acréscimo de valores em contratos por empreitada por preço global oriundos de erro de quantitativos de orçamento. Conforme Acórdão TCU 1977/2013:

> a admissibilidade da celebração de aditivos em obras contratadas pelo regime de preço global, sob o argumento de quantitativos subestimados ou omissões *é* situação excepcionalíssima, aplicável apenas quando *não fosse possível ao licitante identificar a discrepância no quantitativo do serviço com os elementos existentes no projeto básico.* (grifo nosso). (BRASIL, 2013).

Tal posicionamento não está de acordo com o Decreto nº 7.983/13, pois a limitação para erros de projeto é de 10% sobre o valor do contrato, incluindo erros de orçamento, conforme citação:

> Art. 13. Em caso de adoção dos *regimes de empreitada por preço global* e de empreitada integral, deverão ser observadas as seguintes disposições para formação e aceitabilidade dos preços:
> [...]
> II – deverá constar do edital e do contrato cláusula expressa de concordância do contratado com a adequação do projeto que integrar o edital de licitação e as alterações contratuais sob *alegação de falhas ou omissões* em qualquer das peças, *orçamentos*, plantas, especificações, memoriais e estudos técnicos preliminares do projeto *não poderão ultrapassar, no seu conjunto, dez por cento do valor total do contrato*, computando-se esse percentual para verificação do limite previsto no §1º do art. 65 da Lei nº 8.666, de 1993. (grifo nosso). (BRASIL, 2013).

Diante do posicionamento dos órgãos de controle, é recomendável que o gestor público siga suas determinações, cabendo ao contratado questionar em outras esferas o que julgar correto.

3.14 Preço global x empreitada integral

Boa parte da literatura considera a empreitada integral como uma modalidade contratual conhecida como "*Turnkey*" (do inglês "virar a chave"). Na realidade não é, pois esta modalidade considera que o contratado é responsável pelo projeto, execução e entrega em operação de todo o empreendimento. A empreitada integral, conforme definição em lei, não é exatamente assim, pois o projeto básico[17] aprovado é condição necessária para licitar a obra. Dessa forma, o contratado não tem liberdade para mudar ou propor um novo projeto de engenharia.

Sendo assim, a diferenciação na prática entre o preço global e a empreitada integral se dá pela possibilidade ou não de contratar o empreendimento separadamente. Com intuito de ampliar a disputa e, em determinados casos, melhorar o preço dos serviços contratados, é recomendável dividir o empreendimento em mais de um contrato. Como exemplo, pode-se citar a construção de um prédio por uma construtora e a execução das instalações de segurança por outra empresa. A justificativa técnica e econômica é que as construtoras não têm expertise em sistemas de segurança, e acabam subcontratando uma empresa especializada, gerando assim uma bitributação no contrato, além de pagamento em duplicidade de custos administrativos. Nesse caso, é justificável a separação do objeto em duas licitações: obras civis e instalações de segurança (controle de acesso, CFTV, etc.), adotando nessas situações a empreitada por preço global. Entretanto, se o regime for de empreitada integral, não é possível separar os objetos.

Considerando a diferenciação apresentada, a empreitada integral é adequada quando estrategicamente é melhor que um único contratado seja responsável por todo o empreendimento, sejam por questões técnicas, econômicas ou de segurança.

3.15 Preço global x contratação integrada

Uma evolução nas licitações públicas ocorreu com o surgimento da contratação integrada na Lei 12.462/11, que instituiu o Regime Diferenciado de Contratações Públicas (RDC), e que foi incorporado também na Lei 13.303/16 (Lei das Estatais) e na Lei 14.133/21 (nova Norma Geral de Licitações). A contratação integrada corresponde ao contrato *Turnkey*, ou modelo conhecido como *design-build*, no qual a contratada é

---

[17] Como visto anteriormente, o projeto básico é um projeto de engenharia completo.

responsável pela elaboração dos projetos e execução da obra. A principal diferença entre ela e a empreitada por preço global, além da autoria do projeto, é a vedação de alteração de valores contratuais, exceto nos casos de restabelecimento de reequilíbrio econômico-financeiro decorrente de caso fortuito ou força maior; por necessidade alteração de projeto a pedido da Administração; ou ocorrência de fator de risco alocado à contratante na matriz de riscos. Logo, se a contratada assume riscos e incertezas, ela deve ser ressarcida por isso, incorporando esse custo à sua proposta.

Na contratação por preço global, o modelo é conhecido com *design-bid-build*, pois há um contrato de projeto e um outro de execução de obra, e um processo licitatório entre essas duas etapas. Como o projeto é de autoria de outra contratada, os possíveis erros de projeto não podem ser alocados à construtora responsável por executar a obra, o que acarreta aditivos contratuais para os devidos ajustes e que, na maioria das vezes, gera acréscimos de valores.

Devido aos riscos de haver projetos deficientes para realizar licitações por empreitada a preço global, a tendência de quem analisa tais projetos é fazer um levantamento minucioso de todos os possíveis erros. Na verdade, o técnico acaba fazendo o papel de revisor, que é uma atribuição da empresa contratada para elaborar o projeto. E um dos principais erros cometidos pela empresa projetista é ser conservadora na solução, criando assim um projeto de obra com custo mais elevado. Porém, esses custos elevados podem ser considerados como sobrepreço, um dos principais vícios encontrados pelos auditores, devendo assim o responsável pela fiscalização de projeto focar sua análise na economicidade.

Como na contratação integrada a elaboração do projeto já está inserida na proposta da contratada, a empresa tende a ser mais ousada em suas soluções técnicas, apresentando projetos de obras com custos mais baixos e, com isso, melhorando o seu lucro. Logo, o enfoque na análise de projetos muda, e o fiscal direcionará seu esforço para questões mais técnicas.

Quanto à execução da obra, a contratação integrada permite a aprovação dos projetos por etapa e, consequentemente, a sua execução também. Tal medida é favorável para a empresa, que antecipa seu fluxo de caixa, pois o valor do projeto é uma parcela muito pequena do empreendimento para ser diluída em um prazo significativamente longo, e favorável também para a Administração, que antecipa a entrega da obra para a sociedade. Contudo, a fiscalização deve ter capacidade operacional para conseguir liberar as análises de projeto e liberar a execução das etapas dentro do cronograma contratual. Caso contrário, os atrasos gerados pela ineficiência da fiscalização poderão ser motivo de pleitos de dilação de prazo, o que, na contratação integrada, é inadequado.

Logo, se na contratação integrada o projeto é elaborado pela contratada, o objeto a ser executado é definido no anteprojeto, no qual se descreve a performance que se espera do empreendimento ao final da obra.

3.16 Projeto básico x anteprojeto

Nos regimes de execução em que o objeto é definido pelo projeto básico, muitos técnicos confundem a sua definição legal com a técnica, como já abordado anteriormente, mas é indiscutível o nível de precisão que deve ter o projeto básico para licitar obras e serviços.

Contudo, quando se adota a contratação integrada, e consequentemente se busca elaborar um anteprojeto, ao se estudar sua definição legal pode haver algumas dúvidas quanto ao grau de informação que ele deve possuir. A definição contida na Lei nº 13.303/16 está alinhada com as definições de outras legislações:

> Lei nº 13.303/16, Artigo 42, inc. VII – anteprojeto de engenharia: peça técnica com todos os elementos de contornos necessários e fundamentais à elaboração do projeto básico, devendo conter minimamente os seguintes elementos:
> a) demonstração e justificativa do programa de necessidades, visão global dos investimentos e definições relacionadas ao nível de serviço desejado;
> b) condições de solidez, segurança e durabilidade e prazo de entrega;
> c) estética do projeto arquitetônico;
> d) parâmetros de adequação ao interesse público, à economia na utilização, à facilidade na execução, aos impactos ambientais e à acessibilidade;
> e) concepção da obra ou do serviço de engenharia;
> f) projetos anteriores ou estudos preliminares que embasaram a concepção adotada;
> g) levantamento topográfico e cadastral;
> h) pareceres de sondagem;
> i) memorial descritivo dos elementos da edificação, dos componentes construtivos e dos materiais de construção, de forma a estabelecer padrões mínimos para a contratação; (BRASIL, 2016).

A nova norma geral de licitações já amplia um pouco mais o rol de elementos que o anteprojeto deve ter:

Lei nº 14.133/21. Art. 6º, inc. XXIV – anteprojeto: peça técnica com todos os subsídios necessários à elaboração do projeto básico, que deve conter, no mínimo, os seguintes elementos:

a) demonstração e justificativa do programa de necessidades, avaliação de demanda do público-alvo, motivação técnico-econômico-social do empreendimento, visão global dos investimentos e definições relacionadas ao nível de serviço desejado;

b) condições de solidez, de segurança e de durabilidade;

c) prazo de entrega;

d) estética do projeto arquitetônico, traçado geométrico e/ou projeto da área de influência, quando cabível;

e) parâmetros de adequação ao interesse público, de economia na utilização, de facilidade na execução, de impacto ambiental e de acessibilidade;

f) proposta de concepção da obra ou do serviço de engenharia;

g) projetos anteriores ou estudos preliminares que embasaram a concepção proposta;

h) levantamento topográfico e cadastral;

i) pareceres de sondagem;

j) memorial descritivo dos elementos da edificação, dos componentes construtivos e dos materiais de construção, de forma a estabelecer padrões mínimos para a contratação; (BRASIL, 2021).

Como a legislação vigente não define o nível de detalhamento das informações que devem compor o anteprojeto, é importante que cada órgão público defina, da forma mais precisa possível, seus elementos dentro das especificidades de cada área de atuação, pois os elementos técnicos de um projeto de obra de infraestrutura diferem significativamente dos elementos de um anteprojeto de edificação. Tal cuidado é recomendável, pois quanto menos preciso é o anteprojeto, maior é o grau de incerteza na estimativa de valor do contrato, o que pode ocasionar licitações desertas ou fracassadas, devido as empresas tenderem a considerar o risco envolvido muito alto, tornando inviável a contratação.

3.17 Contratação integrada x contratação semi-integrada

Sendo um regime de execução já adotado na lei de licitações das estatais e incorporado na nova lei de licitações, a contratação semi-integrada difere da contratação integrada quanto à disponibilidade do projeto básico como documento que define o objeto a ser contratado, sendo que é permitido à contratada mudar a solução proposta pela

Administração. Contudo, a contratada poderá alterar o projeto básico, mediante aprovação da fiscalização, desde que demonstrada a superioridade da solução proposta, assumindo a responsabilidade integral pelos riscos associados à alteração proposta.

> Lei nº 13303/16, artigo 42, §1º IV – na contratação semi-integrada, o projeto básico poderá ser alterado, desde que demonstrada a superioridade das inovações em termos de redução de custos, de aumento da qualidade, de redução do prazo de execução e de facilidade de manutenção ou operação.
> [...]
> §3º Nas contratações integradas ou semi-integradas, os riscos decorrentes de fatos supervenientes à contratação associados à escolha da solução de projeto básico pela contratante deverão ser alocados como de sua responsabilidade na matriz de riscos. (BRASIL, 2016).

Observa-se que na nova Lei de Licitações o tratamento é o mesmo:

> Lei nº 14.133/21. Art. 22, §3º Quando a contratação se referir a obras e serviços de grande vulto ou forem adotados os regimes de contratação integrada e semi-integrada, o edital obrigatoriamente contemplará matriz de alocação de riscos entre o contratante e o contratado.
> §4º Nas contratações integradas ou semi-integradas, os riscos decorrentes de fatos supervenientes à contratação associados à escolha da solução de projeto básico pelo contratado deverão ser alocados como de sua responsabilidade na matriz de riscos. (BRASIL, 2021).

Logo, uma vantagem da contratação semi-integrada, em relação à integrada, é que o objeto é definido de forma precisa, mas a contratada continua tendo possibilidades de inovar na solução, sem que a Administração assuma os riscos inerentes a essas modificações. Dessa forma, caso a contratada mantenha o projeto básico anexo ao edital, o contrato é gerenciado como se fosse um regime de execução empreitada por preço global. Caso a contratada solicite alterações do projeto básico, e elas sejam aprovadas pela fiscalização, o contrato é gerenciado como contratação integrada.

3.18 A matriz de riscos

Uma ferramenta muito importante, prevista na legislação vigente, é a matriz de riscos, que traz uma segurança ao contratante e ao contratado quanto às incertezas que envolvem a execução de obras e serviços de engenharia.

Lei nº 13.303/16, Artigo 42, inc. X – matriz de riscos: cláusula contratual definidora de riscos e responsabilidades entre as partes e caracterizadora do equilíbrio econômico-financeiro inicial do contrato, em termos de ônus financeiro decorrente de eventos supervenientes à contratação, contendo, no mínimo, as seguintes informações:
a) listagem de possíveis eventos supervenientes à assinatura do contrato, impactantes no equilíbrio econômico-financeiro da avença, e previsão de eventual necessidade de prolação de termo aditivo quando de sua ocorrência;
b) estabelecimento preciso das frações do objeto em que haverá liberdade das contratadas para inovar em soluções metodológicas ou tecnológicas, em obrigações de resultado, em termos de modificação das soluções previamente delineadas no anteprojeto ou no projeto básico da licitação;
c) estabelecimento preciso das frações do objeto em que não haverá liberdade das contratadas para inovar em soluções metodológicas ou tecnológicas, em obrigações de meio, devendo haver obrigação de identidade entre a execução e a solução pré-definida no anteprojeto ou no projeto básico da licitação. (BRASIL, 2016).

Assim como a Lei das Estatais, a nova Lei de Licitações traz o mesmo conceito:

Lei nº 14.133/21, Art. 6º, inc. XXVII – matriz de riscos: cláusula contratual definidora de riscos e de responsabilidades entre as partes e caracteriza-dora do equilíbrio econômico-financeiro inicial do contrato, em termos de ônus financeiro decorrente de eventos supervenientes à contratação, contendo, no mínimo, as seguintes informações:
a) listagem de possíveis eventos supervenientes à assinatura do contrato que possam causar impacto em seu equilíbrio econômico-financeiro e previsão de eventual necessidade de prolação de termo aditivo por ocasião de sua ocorrência;
b) no caso de obrigações de resultado, estabelecimento das frações do objeto com relação às quais haverá liberdade para os contratados inovarem em soluções metodológicas ou tecnológicas, em termos de modificação das soluções previamente delineadas no anteprojeto ou no projeto básico;
c) no caso de obrigações de meio, estabelecimento preciso das frações do objeto com relação às quais não haverá liberdade para os contratados inovarem em soluções metodológicas ou tecnológicas, devendo haver obrigação de aderência entre a execução e a solução predefinida no

anteprojeto ou no projeto básico, consideradas as características do regime de execução no caso de obras e serviços de engenharia; (BRASIL, 2021).

Quando a Administração for contratar obras e serviços de grande vulto ou estiverem sendo adotados os regimes de contratação integrada e semi-integrada, a matriz de riscos deve constar no edital de licitação.

Para se montar a matriz de riscos, é necessário que o responsável pela sua elaboração tenha conhecimento sobre possíveis fatores de risco que envolvem a execução do objeto a ser licitado, e as consequências de cada fator quanto à qualidade, custo e prazo de execução. Depois deve fazer uma análise de onde alocar cada fator de risco: ao contratante, à seguradora ou ao contratado. Dessa forma o trabalho da fiscalização do contrato fica facilitado no caso de possíveis pleitos.

3.19 As condições de habilitação dos licitantes

A fiscalização do contrato deve ter conhecimento das condições de habilitação de seu contratado, pois a lei determina que elas necessitam ser mantidas durante toda a vigência contratual. Essas condições englobam habilitação jurídica; técnica; econômico-financeira; e fiscal, social e trabalhista. E, dentre todas as condições de habilitação, a qualificação técnica é mais sensível, pois costuma ser um dos principais motivos de inabilitação e recursos.

Quanto à qualificação técnica, é prática comum que o diretor/sócio da empresa contratada seja engenheiro ou arquiteto, e se apresente como responsável técnico pela execução da obra ou serviço. Não há nenhum problema, desde que ele participe efetivamente da execução do objeto, sendo que o quadro técnico indicado na proposta da empresa durante a licitação pode ser trocado, com a devida justificativa e aceite da fiscalização, e que o responsável substituto atenda ao mesmo nível de qualificação do substituído.

Ao se observar as exigências de capacitação técnica, a documentação deve comprovar capacidade técnica operacional e profissional. A operacional pode ser aceita com acervo de um profissional que trabalhou na empresa, mas não faz parte de seu quadro. Contudo, a capacidade técnica profissional é da pessoa detentora do acervo. Caso um profissional mude de empresa, ele leva consigo a capacidade técnica profissional, mas não a operacional. Com isso, é interessante para a empresa que o acervo fique em nome de seus sócios, para que ela não se perca com a demissão de seus funcionários. Segue um exemplo hipotético:

> João é engenheiro da empresa A durante trinta anos. Ele pede demissão e vai para a empresa B, que foi recém-criada. A empresa A contrata o engenheiro Pedro, que tem a mesma experiência profissional de João. As duas empresas entram na mesma licitação: a empresa B comprova a capacidade técnica profissional com o acervo de João, mas não consegue comprovar capacidade técnica operacional, pois acabou de ser criada, sendo assim inabilitada. A empresa A comprova a sua capacidade técnica profissional com o acervo de Pedro e a sua capacidade técnica operacional com o acervo de João, devido às obras que foram executadas com ele no passado.

No exemplo apresentado a empresa A está habilitada tecnicamente, pois comprovou experiência da empresa e do profissional de seu quadro. O Confea já pacificou o entendimento que o acervo técnico é do profissional, sendo que a situação acima não foi de encontro a sua decisão. A empresa A usou o acervo do João apenas para comprovar sua experiência operacional, tanto que a empresa B não pode usar esse acervo para a mesma comprovação. Cabe ressaltar, conforme a doutrina, que não se deve exigir no edital vínculo trabalhista do profissional detentor do acervo com a licitante para comprovação de capacidade técnica profissional. Porém, a empresa licitante deve declarar que aquele profissional responderá tecnicamente pelos serviços a serem contratados.

Devido aos motivos expostos, é prática comum que o responsável técnico, cujo acervo serviu para habilitar a empresa, não seja de fato o executor da obra ou serviço, colocando em seu lugar outro profissional. Mas o registro da ART[18] e o respectivo acervo técnico continuam em seu nome. Tal prática deve ser combatida pelo fiscal do contrato, pois traz um prejuízo para toda a Administração Pública. Ao aceitar tal conduta, o gestor está atestando para licitações futuras que o profissional, detentor do acervo, tem uma experiência que na realidade não possui. Os conselhos (CREA e CAU) não tem como fiscalizar efetivamente essa prática, e o engenheiro, que fez o trabalho e adquiriu a experiência, não tem força para exigir o registro em seu nome, pois está sujeito à demissão e terá dificuldade para ser aceito em outras empresas.

---

[18] ART – Anotação de responsabilidade técnica. Nos registros feitos no Conselho de Arquitetura e Urbanismo (CAU), o termo adotado é registro de responsabilidade técnica – RRT.

Outro aspecto importante é a definição dos serviços e quantidades mínimas comprovadas mediante apresentação de atestados, que devem se restringir às parcelas de maior relevância e valor significativo do objeto da licitação. Uma vez definidos em edital os serviços relevantes, eles devem ser de conhecimento da fiscalização durante a execução do contrato, pois não pode ser admitida a subcontratação daqueles que serviram para comprovar a capacidade técnica operacional da empresa vencedora.

Outro cuidado é quanto à decisão de se suprimir um serviço que foi motivo de exigência de atestado de capacidade técnica. O controle pode interpretar que houve direcionamento na licitação, pois, se o serviço foi suprimido, ele não era relevante para a execução do contrato. Além disso, outras empresas, por não terem aquele atestado específico e não puderam participar do certame, com a exclusão desse serviço passariam a poder, e sua possível exclusão do processo que fere o princípio da isonomia.

3.20 O prazo de validade da proposta

Após o fim do processo licitatório, muitos gestores se preocupam com o limite de tempo para assinatura do contrato. Apesar da validade das propostas estar definida em edital, muitas vezes o tempo para análise da habilitação, da proposta mais vantajosa e dos recursos dos licitantes extrapola esse prazo para homologação da licitação. Entretanto, caso o licitante detentor da proposta vencedora concorde, e seja conveniente para a Administração, o contrato poderá ser assinado após esse prazo. O processo licitatório não se extingue sem que haja anulação, revogação ou homologação da licitação, sendo que a anulação é gerada por alguma ilegalidade constatada no processo e a revogação por interesse público.

Contudo, para que o contrato seja assinado após um prazo relativamente longo, é necessário constar no processo que houve uma análise para comprovar a sua conveniência. Um dos aspectos mais importantes é a vantajosidade econômica de se manter a licitação. Isso porque, de acordo com a Lei do Plano Real (artigo 28, da Lei nº 9.069/95), o reajustamento é anual, e conforme o artigo 3º, §1º, da Lei nº 10.192/2001 (Lei Complementar ao Plano Real), a periodicidade anual nos contratos será contada a partir da data limite para apresentação da proposta ou do orçamento a que essa se referir. A nova lei de licitações define a segunda data limite como data base para o reajuste, o que é gerencialmente considerado o mais adequado.

Como o futuro contratado tem direito ao reajustamento depois de um ano, a análise de vantajosidade em contratos que são assinados após um período longo deve considerar a comparação entre o valor reajustado e o valor orçado com a tabela de referência de preços atualizada (SICRO ou SINAPI), somado aos custos de uma nova licitação. Muitos podem imaginar que os valores serão os mesmos, entretanto as distorções podem ser significativas, levando a um possível sobrepreço no contrato.

3.21 Dispensa x inexigibilidade de licitação

Em algumas situações o gestor pode contratar diretamente, sem haver necessidade de um processo licitatório. A legislação prevê dois procedimentos, a inexigibilidade e a dispensa de licitação. A inexigibilidade ocorre quando for inviável a competição. Mas, para isso, deve ser registrado no processo as justificativas daquela solução ou produto; da escolha do profissional ou da empresa; e a definição do valor a ser contratado. Temos como exemplo as seguintes contratações: fornecimento por produtor, empresa ou representante exclusivo; serviços técnicos especializados com notória especialização; e profissional do setor artístico consagrado pela crítica ou opinião pública.

No caso de dispensa de licitação, a competição é viável, porém, a lei define situações em que há possibilidade de contratação direta. Para que o motivo se enquadre como dispensa, deve estar obrigatoriamente previsto em uma das situações elencadas na legislação vigente.

Cabe ressaltar que, independentemente do modelo de contratação direta, deve ser aberto um processo de dispensa ou inexigibilidade, contendo a motivação, o enquadramento legal, parecer jurídico, orçamento de referência e, quando couber, projeto básico. Após o fim do processo, o contrato será gerido da mesma forma que um contrato fruto de licitação. Um cuidado especial deve ser tomado quando a dispensa ocorre nos casos de emergência ou de calamidade pública, quando caracterizada urgência de atendimento de situação que possa ocasionar prejuízo ou comprometer a continuidade dos serviços públicos ou a segurança de pessoas, obras, serviços, equipamentos e outros bens, públicos ou particulares, e somente para os bens necessários ao atendimento da situação emergencial ou calamitosa e para as parcelas de obras e serviços que possam ser concluídas no prazo máximo estipulado na legislação que rege a contratação, contado da ocorrência da emergência ou da calamidade, vedada a prorrogação dos respectivos contratos e a recontratação de empresa já contratada.

Nesse caso, o gestor do contrato deve se preocupar com o prazo máximo estipulado pela lei para execução do objeto, que é contado a partir do fato que gerou a emergência ou calamidade, mesmo havendo fatos que justifiquem a prorrogação contratual previstos em lei. Além disso, deve-se deixar claro no processo que o fato motivador da emergência não foi fruto de falha de gestão.

3.22 A aplicabilidade do pregão em obras e serviços de engenharia

O pregão é a modalidade de licitação para aquisição de bens e serviços comuns, independentemente dos valores estimados para a contratação, no qual a disputa se dá em forma de lances e, preferencialmente, por meio eletrônico.[19] Os lances se dão até que nenhuma licitante cubra a menor proposta.

Caso o bem ou serviço a ser adquirido se enquadre na definição de comum, prioritariamente deve-se utilizar a modalidade pregão. Isto é, a interpretação é que o uso do pregão é obrigatório nesses casos, pois se busca garantir assim uma compra mais econômica, segura e eficiente.

Contudo, a adoção de pregão para obras e serviços de engenharia sempre foi motivo de debates e discussões entre as partes interessadas, em que se discute a legalidade e a adequação técnica desse procedimento em processos licitatórios. Cabe destacar que a modalidade de licitação é um processo de escolha, tanto que as exigências de habilitação no pregão são as mesmas que a das demais modalidades. A legislação vigente permite licitar por pregão somente serviços de engenharia comuns, sendo vedada a adoção para obras.

Apesar da legislação ser restritiva quanto ao uso do pregão para obras, abre-se a possibilidade de se adotar a disputa aberta em casos que legislações específicas permitem, sendo que ela se assemelha ao pregão, pois também prevê uma fase de lances para se obter a proposta mais vantajosa.

Entretanto, alguns profissionais da área técnica questionam a adequabilidade de se adotar uma fase de lances antes da definição da proposta mais vantajosa, pois na maioria das vezes o preposto que

---

[19] Atualmente, a regra é a utilização pregão eletrônico, em que o presencial é aceito em caráter excepcional, quando há algum impedimento técnico do uso do sistema. Na esfera federal, o pregão eletrônico é realizado pelo site oficial de compras do Governo Federal (www.comprasgovernamentais.gov.br).

representa a licitante, responsável por dar os lances, não é o responsável técnico pelo orçamento da proposta, e teoricamente estaria alterando um trabalho técnico de outro profissional. Contudo, deve-se separar dois conceitos bem distintos: preço e orçamento. O orçamento de uma obra é indiscutivelmente um trabalho técnico de engenharia, em que o orçamentista levanta todos os custos diretos e indiretos. Porém o lucro é uma decisão empresarial, que comporá o preço final. Logo, na fase de lances, o representante da licitante pode reduzir o valor da proposta sem comprometer o trabalho do responsável técnico pelo orçamento, desde que não dê um desconto superior à margem de lucro. Caso o desconto na proposta comprometa os custos orçados, o erro foi do licitante, e não da Administração em adotar a disputa aberta.

CAPÍTULO IV

A GESTÃO DOS CONTRATOS DE OBRAS PÚBLICAS

4.1 Introdução à gestão de contratos

A formação acadêmica de engenharia foca muito em disciplinas estritamente técnicas, sendo que as ligadas à legislação vigente e à gestão de projetos são escassas e abordadas de forma simplista nos bancos escolares da graduação. Contudo, o engenheiro recém-formado rapidamente perde o medo de atuar em questões que envolvem a área técnica de engenharia, como elaboração de projetos e execução de serviços e obras, mas rapidamente sente falta de outros conhecimentos, como os relacionados à gestão de projetos. Principalmente na elaboração ou análise de pleitos contratuais, que envolve também a necessidade de dominar conhecimento sobre gestão de custos, cronogramas e legislação vigente.

De acordo com a literatura, há dois grandes tipos de contratos: a preço fixo e por administração (também conhecido como *cost plus*), havendo diversas outras variações ou combinações entre esses dois.

O contrato a preço fixo é aquele cujo valor é definido antes a assinatura do contrato, sendo modificado apenas quando há alteração das condições inicialmente pactuadas, como mudança de projeto e de cronograma. Dessa forma, é importante que haja uma boa definição de escopo, com um projeto bem elaborado e completo, pois qualquer indefinição gera um risco maior para o contratado. Dentro dos modelos de contrato a preço fixo e suas variações, cabe destacar o contrato a preço global e o contrato a preço unitário.

Adota-se o contrato a preço global quando o empreendimento é medido e pago por etapas, sendo que no contrato privado o percentual a ser pago pode estar desvinculado do valor da etapa. Isto é, o particular tem liberdade de prever o pagamento de um valor de entrada antes do início da obra, o que reduz os custos financeiros da contratada. Contudo, em contratos públicos, além de não permitida a antecipação dessa parcela inicial, os valore a serem pagos na medição devem corresponder aos valores dos serviços executados. Isso se deve ao fato de se caracterizar como irregular o pagamento antecipado de serviços.

Logo, no caso do preço global, o contratado deve tomar um cuidado especial na elaboração do orçamento, pois a forma de pagamento influencia significativamente nos custos financeiros. Caso haja um desequilíbrio financeiro, fruto do desbalanceamento entre despesas e receitas oriundo da forma de pagamento, não cabe aditivo contratual, pois esses custos já são previstos na parcela de encargos financeiros do BDI.

O contrato por administração, também conhecido como *cost plus*, é aquele no qual a contratada é ressarcida por todos os seus custos e ainda recebe uma taxa de administração, em que está incluído o seu lucro. Tal modelo contratual e suas variações alocam riscos maiores para o contratante, pois o contratado terá seu lucro bem definido. Esse modelo é mais adotado quando a definição do escopo não é tão precisa, mas que a conclusão rápida do empreendimento é atrativa para o contratante, o que compensa para ele os riscos envolvidos na indefinição prévia do valor contratual. Porém, o contrato por administração não é legalmente permitido em contratações públicas.

Independentemente do modelo contratual, deve-se destacar que as partes envolvidas têm interesses muito distintos: o contratante deseja a execução do objeto no prazo, com a qualidade definida nas especificações e projetos, e dentro do valor acordado; enquanto a contratada busca alcançar o lucro almejado. Essa divergência de interesses exige uma boa definição das condições contratuais, de forma a garantir que todas essas condicionantes estejam claras e precisas para que cada parte alcance seus objetivos.

Para atingir o sucesso de um contrato, o contratante e a contratada, mediante a atuação de seus representantes, devem ter conhecimento técnico relacionado a execução do objeto, dominar as melhores práticas de gestão e conhecer profundamente a doutrina e jurisprudência da legislação pertinente ao seu contrato, seja ele público ou privado. Os conhecimentos gerenciais mínimos foram apresentados na parte inicial do livro, sendo focada a parte prática de aplicação de algumas ferramentas gerenciais. Logo, cabe destacar que o profissional contratado para o gerenciamento de um empreendimento deve saber responder a alguns questionamentos:

- Em relação ao prazo: O contrato está atrasado? Qual o motivo? É culpa do contratado ou do contratante? Qual o impacto nos custos e no cronograma? É possível compensar o atraso? Há justificativas legais para ajustes contratuais?
- Em relação aos custos: O contrato está deficitário? Qual o motivo? Há possibilidades de reverter o prejuízo? Há justificativas legais para ajustes contratuais? Caso não haja, é melhor aceitar o prejuízo ou rescindir o contrato? Quais os impactos de uma rescisão litigiosa?

Da mesma forma o fiscal do contratante também deve possuir os mesmos conhecimentos, para que possa fazer uma análise adequada em cada situação e justificar aceites ou recusas de possíveis pleitos contratuais.

4.2 O contrato público

Em uma relação contratual busca-se um equilíbrio de poder entre as partes, mediante uma negociação anterior à assinatura do contrato. Quando há um desequilíbrio de poder, as leis buscam reequilibrar as forças entre as partes, como o exemplo do Código de Defesa do Consumidor, que considera o consumidor a parte mais fraca dessa relação.

No contrato público há um poder maior por parte da Administração, e a legislação vigente reforça essa supremacia. Esse desequilíbrio se deve ao fato de que o interesse público está sempre acima do interesse privado. Dentre os diversos pontos que criam condições desfavoráveis ao contratado, que serão abordados mais adiante, estão: aceitação tácita de todas as condições impostas no edital; aplicação de sanções somente para o contratado; e poder da Administração para alterar e rescindir o contrato unilateralmente. Como nesse caso o contratado tem obrigações maiores do que num contrato privado, ele deve quantificar os custos gerados por esse desequilíbrio e inseri-los no orçamento. Em outras palavras, devido aos riscos gerados pela supremacia de poder da Administração, uma mesma obra, se for contratada pela Administração Pública, custa mais do que se fosse executada mediante um contrato privado.

Sendo assim, se um licitante concorda em participar de uma licitação, ao assinar o contrato, a princípio ele fez uma análise de riscos e inseriu no BDI de sua proposta, no campo riscos e eventuais, um valor correspondente. Nesse caso, não se justifica acréscimos de valores oriundos de decisões da fiscalização de alterações contratuais previstas em lei. A norma geral de licitações permite que, por decisão unilateral da Administração, o contrato seja acrescido ou suprimido em 25% de seu valor.[20] O contratado não pode alegar que terá prejuízos oriundos desses aditivos contratuais, pois já está sendo ressarcido por ele no BDI, caso tenha orçado corretamente. Além disso, o conteúdo do contrato público não é negociado entre as partes, e o licitante deve saber que o edital contém como anexo a minuta do contrato, contendo todas as cláusulas contratuais obrigatórias.

4.3 O objeto do contrato

O objeto do contrato é uma das cláusulas obrigatórias em contratos públicos, na qual será descrito, de forma sucinta, o escopo do produto. Muitos contratos públicos detalham demasiadamente o objeto nessa cláusula, o que pode muitas vezes tornar a gestão do contrato prejudicada. Por exemplo, se ao descrever na cláusula contratual que o objeto é um prédio de dez andares, talvez não seja juridicamente possível aditar o contrato mudando para onze andares, pois poderia se interpretar como uma mudança de objeto. A lei permite modificar especificações dos projetos, desde que técnica e economicamente justificado. Entretanto, se o número de andares está descrito na cláusula de definição do objeto, o aditivo pode ter um parecer jurídico desfavorável.

Esse é um problema comum também em obras rodoviárias, quando a definição do objeto é feita descrevendo o trecho a ser construído por quilômetro inicial e final. Se houver necessidade de estender o comprimento da rodovia, o gestor está sujeito à uma possível interpretação da assessoria jurídica de que isso representa mudança de objeto, apesar de tecnicamente não haver alteração.

Por outro lado, a indefinição do objeto pode ser interpretada como uma falha contratual. Como resolver esse impasse? A solução está em descrever o objeto de forma concisa no corpo do contrato, e detalhá-lo

---

[20] A legislação permite que os contratos sejam acrescidos ou suprimidos em até 25% de seu valor. Caso o contratado concorde, a supressão pode ser superior a 25%, mas o acréscimo não, exceto para reformas, nas quais o acréscimo pode chegar a 50% do valor contratado.

ao máximo nas especificações e projeto anexos ao contrato. Dessa forma, atende-se uma demanda técnica sem afetar o princípio da legalidade.

Contudo, o gestor deve tomar muito cuidado, pois mesmo sem alterar o objeto, ele pode estar cometendo uma irregularidade em seu contrato ao modificar significativamente o projeto. Para ilustrar o problema, cabe outro exemplo:

> Em determinada escola pública será construído um ginásio poliesportivo em estrutura metálica. Para não engessar possíveis alterações de projeto, a comissão de licitação decide omitir a estrutura metálica da descrição do objeto, ficando a cláusula contratual dessa forma: "construção de ginásio poliesportivo na escola pública ...". Após a homologação da licitação e assinatura do contrato, o preço do aço sofreu um aumento significativo, o que tornou mais viável economicamente construir a edificação em estrutura de concreto pré-moldado. Se o objeto estivesse descrito como "construção de ginásio poliesportivo em estrutura metálica na escola pública ...", a solução seria rescisão contratual e nova licitação. Porém, como houve mudança justificada de projeto e a descrição do objeto não considera estrutura metálica, o fiscal decide aditar o contrato, trocando a solução estrutural e ressarcindo a construtora pela nova solução.

O exemplo acima descreve uma situação corriqueira em licitações e contratos de obras e serviços de engenharia. Porém, a solução proposta pelo fiscal é irregular, pois o objeto, apesar de não sofrer alteração, foi totalmente transfigurado. Essa mudança de especificação fere o princípio da isonomia, pois afeta diretamente as condições de disputa entre as construtoras, que ocorreu durante o processo licitatório. Isso porque provavelmente empresas especializadas em concreto pré-moldado deixaram de participar da licitação devido à solução inicialmente definida. Ao mudar o projeto, essa restrição à participação de outras empresas fica evidente. Além disso, empresas especializadas em concreto pré-moldado podem apresentar para essa solução preços mais competitivos do que as de estrutura metálica, evidenciando um sobrepreço no aditivo contratual. Logo, mesmo que não se caracterize má fé, tal procedimento é considerado irregular, devendo o gestor rescindir o contrato e realizar nova licitação.

Para evitar descaracterização do objeto devido a aditivos contratuais, o Tribunal de Contas da União – TCU, através dos Acórdãos nº 749/2010-Plenário e 100/2011-Plenário, determina que:

... para efeito de observância dos limites de alterações contratuais previstos no art. 65 da Lei nº 8.666/1993, passe a considerar as reduções ou supressões de quantitativos de forma isolada, ou seja, o conjunto de reduções e o conjunto de acréscimos devem ser sempre calculados sobre o valor original do contrato, aplicando-se a cada um desses conjuntos, individualmente e sem nenhum tipo de compensação entre eles, os limites de alteração estabelecidos no dispositivo legal; (BRASIL, 2010).

Dessa forma, um contrato que teve 25% de acréscimo e 25% de supressão mantém o seu valor inicial, mas não pode mais ser acrescido e nem suprimido. Dessa forma, não se pode compensar os acréscimos com as supressões, sendo o cálculo feito em separado. Isto é, um contrato de 100 mil reais só pode ser acrescido em 25 mil, independentemente das supressões. Se houver um acréscimo de 25 mil e uma supressão de 25 mil, o valor após os aditivos será de 100 mil reais, o mesmo valor sem inicial do contrato, e não será permitido mais nenhum acréscimo.

4.4 O preço e as condições de pagamento

A cláusula de preços e condições de pagamento deve conter o valor total da obra e os critérios para realização dos pagamentos, sendo o cronograma físico-financeiro anexo ao contrato. É importante que, ao definir esses critérios, o responsável pelo edital tenha conhecimento sobre a disponibilidade dos recursos orçamentários, para que não seja previsto desembolso superior à capacidade orçamentária do órgão, gerando atrasos de pagamento. Apesar de não haver previsão de multas e penalidades para a Administração, o contratado tem direito a receber os custos financeiros gerados por esse atraso e, se ele for superior a dois meses, ainda terá o direito à rescisão amigável do contrato.

A taxa a ser adotada para ressarcir a contratada por atraso de pagamento está prevista em contrato, não se justificando mudar esse percentual com a justificativa de que a empresa possui um custo de capital superior. Por exemplo: a empresa pega dinheiro emprestado a uma taxa de 5% ao mês, e o contrato a ressarce por atraso de pagamento a uma taxa de 0,5% ao mês. Essa diferença de percentual deve ser considerada um risco do empreendimento, o que já é ressarcido nos riscos e eventuais do BDI.

Além de noções de orçamento público, a elaboração da forma de pagamento exige conhecimentos de cronograma físico-financeiro, que deve estar alinhado com a disponibilidade de recursos e ser tecnicamente possível de ser executado. Ao impor um cronograma inviável, atrasos ocorrerão durante a execução da obra ou serviço e, nesses casos, não se pode aceitar a revisão dessas condições mediante aditivos de prazo, pois o fiscal, ao mudar as condições previamente determinadas no edital,[21] fere o princípio da isonomia.

4.5 As garantias contratuais

A lei prevê três modalidades de garantia contratual, a caução em dinheiro ou em título de dívida pública; a fiança bancária e o seguro-garantia. Apesar da garantia não ser obrigatória, caso seja previsto no edital cabe ao contratado, e não à Administração Pública, definir a modalidade a ser adotada, com seu valor limitado a cinco por cento do valor contratado, podendo esse percentual chegar a dez por cento, desde que seja uma contratação de grande vulto, sendo que o percentual sempre deve ser justificado mediante análise de complexidade técnica e dos riscos envolvidos na contratação.

A caução em dinheiro é depositada em uma conta bancária que, após o encerramento do contrato e caso não seja acionada, será devolvida ao contratado com as devidas correções monetárias. A caução em título de dívida pública exige alguns cuidados, como verificar se foi emitido sob a forma escritural, mediante registro em sistema centralizado de liquidação e de custódia autorizado pelo Banco Central do Brasil e avaliado pelo seu valor econômico.

A fiança bancária é emitida por um banco, que se compromete a cobrir o valor da garantia, caso ela seja acionada. É importante que as condições da apólice sejam descritas no edital, para que a garantia cubra todas as condições previstas em lei. Essa modalidade é a mais adotada pelos contratados, pois não afeta seu capital de giro como a caução em dinheiro.

O seguro-garantia equivale ao *performance-bonde*, garantia prestada por uma seguradora, que assume a execução do contrato ou paga o valor integral estipulado na apólice. Essa modalidade é muito utilizada nos Estados Unidos, onde a apólice costuma cobrir 100% do valor contratado, sendo que a seguradora assume a execução da obra no lugar da contratada. A legislação prevê, para obras e serviços de engenharia de

---

[21] Quando o edital prevê alguma condição inviável de ser executada, muitas empresas não participam da licitação. O fiscal, ao alterar essas condições durante a execução da obra ou serviço, oferece ao contratado uma vantagem indevida, que não era de conhecimento dos demais, ferindo assim o princípio da isonomia. Sendo assim, é importante que o fiscal, além da documentação técnica, estude o edital e o contrato.

grande vulto, a possibilidade de se exigir o seguro-garantia limitado aos percentuais legais adotados para as demais modalidades. Nesse caso, a seguradora poderá ter livre acesso às instalações da obra; acompanhar a sua execução; ter acesso às auditorias; e requerer esclarecimentos aos responsáveis técnicos da obra. Caso o seguro seja acionado, a seguradora deve optar por pagar o valor integral segurado, ou assumir a execução, na qual poderá subcontratar os serviços, podendo o empenho ser em nome da seguradora ou de sua subcontratada.

Uma questão importante para o fiscal é saber quando a garantia deve ser acionada. Ela serve para cobrir os custos gerados à Administração por culpa da empresa, como correção de falhas de execução que não foram corrigidas pela contratada e pagamento de multas. A garantia não pode ser utilizada para cobrir encargos comerciais da contratada como, por exemplo, não pagamento de concessionárias por ligações provisórias de energia e água, ou dívidas com fornecedores de insumos.

Outro cuidado que se deve ter é manter os valores e prazos de vigência de garantia atualizados. Se o contrato foi aditado em prazo e valor, a garantia deve ser ajustada também. Além disso, é proibida a adoção de qualquer outra modalidade não prevista em lei, como a retenção de percentual de pagamento, muito comum em contratos privados.

4.6 Os prazos de execução e vigência

A respeito de prazos, é importante ressaltar que há uma diferença entre prazo de execução do objeto e prazo de vigência contratual. O prazo de execução é o tempo que o contratado terá para executar o objeto do contrato, e o prazo de vigência é o tempo que o contrato estará ativo. Para contratos públicos é proibido prazo de vigência indeterminado, mas ao mesmo tempo o gestor deve se preocupar em manter a vigência enquanto não ocorrer rescisão contratual ou conclusão do objeto, isso porque não existe a possibilidade de se aditar um contrato cuja vigência tenha sido extinta, pois não tem sentido alterar algo que deixou de existir.

Dentre as irregularidades que ocorrem em contratos públicos, o fim da vigência contratual por descontrole é muito comum e, para que não haja problemas para a fiscalização, a vigência, que passa a ser contada a partir da data de assinatura e publicação do contrato no diário oficial, deve englobar a ordem de serviço,[22] a execução do objeto e os recebimentos provisório e definitivo.[23] A cada alteração de contrato com impacto de prazo, a vigência também deve ser ajustada, entretanto, um contrato fora da vigência não pode mais ser alterado, mas suas cláusulas continuam valendo para aquela relação, inclusive para aplicação de penalidades[24] e pagamentos não efetuados.[25] Outro cuidado que o gestor deve ter ao haver a dilação da vigência contratual, é determinar que o contratado apresente também o aditivo do prazo de vigência da garantia contratual.

Contudo, alguns órgãos públicos adotam o entendimento de que, para contratos com escopo predefinido, o prazo de vigência será automaticamente prorrogado quando seu objeto não for concluído no período firmado no contrato. Porém, apesar de ser uma facilidade para a fiscalização, este dispositivo exige um controle maior na caracterização dos atrasos da contratada e, na interpretação legal dominante, a vigência deve sempre ser ajustada por aditivo contratual.

Um vício comum em algumas administrações na execução de contratos de obras públicas é a paralisação do prazo de vigência contratual.[26] Se ele está suspenso por paralisação de vigência, o cronograma também está suspenso, e não se pode afirmar que a obra está atrasada, em dia ou adiantada. É o mesmo problema daquele funcionário que chega para uma reunião com o chefe às 15h. Ele está atrasado ou adiantado? Para responder essa pergunta deve-se primeiro responder a outra: Qual a hora marcada para iniciar a reunião? Logo, para responder se a obra está ou não atrasada, deve-se ter um cronograma de execução.

---

[22] A ordem de serviço, emitida após a assinatura do contrato, define o prazo que o contratado terá para se mobilizar e iniciar a obra ou serviço.

[23] Todo contrato deve ser recebido em duas etapas. O recebimento provisório é feito pelo fiscal, em que é caracterizado que o contratado cumpriu o prazo de execução, porém ficaram pequenas pendências a serem sanadas. O recebimento definitivo, realizado por servidor ou comissão, ocorre após o prazo estipulado no recebimento provisório para solução das pendências, não podendo passar de noventa dias.

[24] As multas contratuais podem ser aplicadas mesmo após o fim da vigência contratual.

[25] Os pagamentos devidos pela Administração só poderão ser efetuados para valores já empenhados e não liquidados. Caso não sejam feitos os respectivos empenhos durante a vigência contratual, as possíveis parcelas devidas ao contratado só poderão ser pagas mediante processo de reconhecimento de dívida. Tal procedimento, além de demorado, expõe o gestor a possíveis processos por falhas administrativas, caso o motivo do reconhecimento de dívida não seja bem instruído e justificado.

[26] Algumas unidades gestoras utilizam o mecanismo de paralisar a vigência contratual, com o objetivo de sanar alguns problemas sem aditar o prazo e nem perder a vigência do contrato. Contudo esse procedimento prejudica a gestão do contrato, pois tanto o fiscal como o contratado não podem ser exigidos em relação ao andamento da execução do objeto enquanto o contrato estiver suspenso.

Apesar de ser uma questão óbvia, é comum haver obras públicas em que o cronograma não existe, ou não representa a execução física, o que prejudica a aplicação de penalidades, além de outros controles.

Logo, quanto ao prazo de execução, ele deve constar em cláusula contratual específica. Entretanto, anexo ao contrato deve haver um cronograma de execução da obra ou serviço. Sem esse cronograma é inviável para o fiscal controlar o prazo de execução, só conseguindo aplicar alguma penalidade de atraso apenas ao final do contrato. Caso o cronograma físico-financeiro seja suficientemente detalhado, ele pode substituir o cronograma de execução.

4.7 A prorrogação contratual

O gestor do contrato não deve alterar contratualmente o prazo de execução da obra ou serviço sem o devido amparo legal, cujo motivo deve estar devidamente justificado. Apesar da legislação atual não descrever os motivos de dilação de prazo de execução, eles devem estar bem fundamentados no processo de aditivo contratual, e deve-se deixar claro que não foi fruto de falha gerencial ou desconhecimento da contratada, e sim fatos causados pela própria Administração, terceiros ou superveniência de fato excepcional ou imprevisível.

A alteração do projeto ou especificações não é motivo suficiente para dilação de prazo de execução. A análise consiste em verificar se as atividades do empreendimento impactadas pela mudança são críticas[27] ou se tornarão críticas. Caso os serviços afetados pela mudança não alterem o prazo final de entrega, o ajuste no contrato é feito apenas com a mudança de cronograma, mas sem alterar o prazo de execução. Sendo assim, o gestor deve ter conhecimento técnico para analisar os impactos gerados pelas alterações de projeto, mas também conhecimento gerencial, para mensurar as mudanças necessárias no cronograma de execução. Daí a importância dos temas gerenciais tratados no capítulo II.

Em relação à superveniência de fato excepcional ou imprevisível, as justificativas comumente apresentadas nos pleitos contratuais para dilação de prazo são as condições climáticas adversas, com a ocorrência de chuvas. No entanto, a chuva nem sempre é imprevisível, pois em determinada época do ano, ela é esperada. Além disso, mesmo sendo

---

[27] De acordo com as boas práticas de gestão de projetos, atividade crítica é aquela que, ao ter sua duração modificada, tem alterada também a duração do projeto. As atividades críticas compõem o caminho crítico de um projeto.

imprevisível, pode não justificar a prorrogação da obra, pois depende se o que estava previsto para o período pode ou não ser executado em dias de chuva. Para análise de pleito por motivo de chuva, as informações necessárias são: diário de obras, cronograma de execução, boletim meteorológico e histórico de chuvas na região.

A interrupção da execução do contrato ou diminuição do ritmo de trabalho deve estar devidamente documentada para justificar uma dilação de prazo, e sempre por ordem e interesse da Administração. É comum a fiscalização determinar a redução de ritmo de trabalho por indefinições de projeto ou falta de recursos orçamentários, porém, é importante que essa determinação seja oportuna e por escrito, pois não deve constar no processo uma ordem de paralisação ou redução de ritmo com data posterior ao atraso.

Quanto à prorrogação oriunda do aumento de quantidades inicialmente previstas no contrato, a análise do impacto no cronograma é análoga a de alteração de projeto ou especificações, isto é, se o aumento de quantidades afetar apenas atividades não críticas, o aditivo será somente para mudança de cronograma e acréscimo dos respectivos valores, e não de dilação de prazo de execução.

O impedimento de execução do contrato por fato ou ato de terceiro deve ser comprovado com documentação contemporânea à sua ocorrência, como exemplo pode ser citado greves, passeatas e outros eventos que impedem o acesso dos funcionários e demais equipamentos e insumos ao local da obra.

Por fim, outra justificativa possível de ser aceita para prorrogação de prazo é a omissão ou atraso de providências a cargo da Administração, que raramente é adotada nos processos de aditivos contratuais, pois pode evidenciar negligência ou omissão do gestor público, implicando assim em abertura de processo administrativo para apurar responsabilidades. Como já foi citado anteriormente, conceder prazos a mais para a contratada sem amparo legal, por caracterizar vantagem indevida, fere o princípio da isonomia.

Além do problema de atraso de execução, outra preocupação do gestor é garantir que o cronograma anexo ao contrato esteja coerente com uma execução real da obra ou serviço. Entretanto, se não há esse alinhamento, o fiscal terá dificuldades em caracterizar atrasos parciais, o que impede a aplicação de penalidades e utilização de indicadores de desempenho[28] do andamento da execução. Para isso qualquer alteração de cronograma, com ou sem impacto de prazo, deve ser acordado mediante aditivo contratual.

Caso o cronograma previsto no edital não seja adequado ao plano de execução proposto pela contratada, ele deve ser ajustado. Entretanto, para evitar um aditivo logo no início do contrato, a solução adequada é prever no edital de licitação que o cronograma a ser anexado ao contrato seja apresentado pelo adjudicatário[29] e aprovado pela fiscalização antes da assinatura do contrato. Os cuidados que se deve ter são: manter o prazo de conclusão da obra; evitar que haja manobras de fluxo de caixa, antecipando serviços favoráveis e postergando serviços desfavoráveis à contratada; e garantir que não haverá previsão de pagamentos superiores às parcelas previstas de desembolso financeiro.

4.8 Responsabilidades e penalidades cabíveis

As sanções previstas em lei, respeitado o direito à ampla defesa e o contraditório, são: advertência, multa, impedido de licitar e contratar com a Administração e declaração de inidoneidade. A multa poderá ser cumulativa com as demais sanções.

No caso de multa contratual, a cláusula de penalidades prevê os valores e as situações para sua aplicação, devendo ser proporcional à falta cometida. É comum em contratos públicos existência de cláusulas confusas, em que só é possível aplicar essa sanção ao final do contrato. Entretanto, ao se aguardar o final do prazo de execução para aplicar as penalidades, o fiscal não atingiu seu principal objetivo que é garantir a execução do objeto dentro dos parâmetros de prazo, custo e qualidade. Como ele deve agir de forma preventiva, é importante que o cronograma de execução esteja atualizado, e as multas por inexecução ou atraso de etapas fiquem bem claras no contrato.

Um erro comum cometido por muitos fiscais é a interferência direta na gestão da obra ou serviço para evitar possíveis atrasos e erros de execução. Para ilustrar esse problema, segue um exemplo hipotético:

---

[28] Para adoção de ferramentas gerencias de acompanhamento e controle, como a análise de valor agregado, o cronograma anexo ao contrato deve ser o mesmo adotado na execução.

[29] Adjudicatário é o detentor da proposta vencedora que, após a homologação, tem o direito de assinar contrato com a Administração Pública.

Uma empresa foi contratada para reformar dez salas de um determinado edifício público. O cronograma previa a reforma completa de uma sala por semana, totalizando dez semanas. Nos dias iniciais o fiscal verificou que a primeira sala não estaria pronta até o final da semana, e determinou por escrito que a empresa contratasse mais funcionários e colocasse mais equipamentos para cumprir o cronograma. A empresa cumpriu a determinação do fiscal e as dez salas foram entregues no prazo previsto, entretanto entrou com um pleito contratual cobrando os custos adicionais por contratar mais empregados e equipamentos.

No exemplo apresentado, o fiscal extrapolou suas atribuições ao interferir diretamente na gestão da obra. Independentemente de ser um contrato público ou privado, a decisão de contratar envolve transferir a responsabilidade gerencial da execução para terceiros, cabendo ao contratado tomar a decisão de alocar ou não mais recursos de mão de obra e equipamentos. O papel do fiscal é garantir que a obra seja executada no prazo e com qualidade, para isso existe a cláusula de penalidades, que deveria ter sido usada para impelir o contratado a cumprir o cronograma.

Muitos gestores têm dificuldade em definir os critérios para aplicação de penalidades, pois o objetivo da multa não é "quebrar" a empresa, e sim ter um papel educativo. Porém, penalidades muito brandas não causam o efeito necessário para corrigir os rumos do contrato. Outra questão é a caracterização do atraso, pois está diretamente ligada à periodicidade da medição. Se a medição é mensal, o atraso somente estará configurado, para fins de aplicação de penalidades, após o intervalo de um mês. Para antecipar a atuação do fiscal no controle do cronograma, a redução desse intervalo de medição pode ser uma solução. Porém, ao reduzir esse intervalo, a Administração deve possuir uma fiscalização eficiente, em condições de medir de forma adequada em períodos menores. Para execuções simples, nas quais o fiscal está próximo ao local da obra, não há tantos problemas em definir metas semanais, mas quando o vulto da obra aumenta e o processo de medição se torna mais complexo, a fiscalização deve ter uma estrutura compatível. Como exemplo de complexidade pode-se citar serviços de terraplanagem, que devem ser medidos por levantamento topográfico, sendo que a medição semanal muitas vezes onera a fiscalização, sendo necessário avaliar os benefícios gerados ao se adotar um intervalo menor.

Do ponto de vista operacional, o procedimento de aplicação de penalidades, depois de constatada a ocorrência de eventual irregularidade contratual, obedece, de forma simplificada, a três etapas:

1º – Notifica-se a contratada, por escrito, para que esta se manifeste no prazo estipulado quanto às irregularidades constatadas;

2º – Caso se julgue impertinente as manifestações da contratada e se decida pela aplicação de uma penalidade, deve-se então proceder à notificação da contratada para apresentar defesa prévia e requerer o que entender de direito.

3º – Ato contínuo, caso a Administração entenda improcedente as alegações da contratada, a Administração deve intimar a empresa, dando a ela o conhecimento da decisão de aplicar a penalidade, garantido o prazo de recurso.

Cabe ressaltar que esse processo deve ser ajustado aos procedimentos de cada órgão. Além disso, é importante saber quais são os dois aspectos que devem ser perfeitamente atendidos para o sucesso na aplicação de uma penalidade. O primeiro é a comprovação que a contratada cometeu a falha, o que se torna relativamente simples, pois é comum ela buscar justificar o erro cometido tentando transferir sua responsabilidade para o fiscal. Contudo, possíveis falhas ou omissões da fiscalização não minimizam a responsabilidade da contratada. Se o fiscal falhou, ele estará sujeito às sanções administrativas no caso de omissão ou negligência, mas a empresa continua totalmente responsável por sanar o erro e ser apenada. Cabe ao gestor do contrato não levar para o lado pessoal as críticas e apontamentos de falhas de fiscalização apresentadas no pleito da contratada, pois ela irá embasar sua defesa exatamente nas falhas da fiscalização.

O segundo aspecto a ser atendido para o sucesso da aplicação da penalidade é garantir a ampla defesa e o contraditório em todas as etapas. Caso a contratada solicite dilação de prazos e vistas ao processo, a orientação é que, dentro do bom senso, sejam atendidas. Isso porque muitas penalidades questionadas na justiça são derrubadas pelo atendimento inadequado desse quesito, e não pelo fato de a contratada ter errado.

Para o pagamento da multa em contratos, o contratado deverá efetuar o recolhimento do valor, que na esfera federal é via GRU (Guia de Recolhimento da União). Caso não recolha o valor, a garantia contratual pode ser acionada para esse fim. Uma prática comum é descontar o valor da multa nos pagamentos futuros e, apesar de não haver previsão legal explícita para esse procedimento, ele pode ser realizado, desde que conste no edital.

4.9 Formalização e alteração dos contratos

Os contratos públicos e seus aditamentos devem ser lavrados nas repartições públicas interessadas, onde será mantido arquivo cronológico de toda a documentação. Assim como todo o processo licitatório, o processo de acompanhamento do contrato também é público. Para garantir a eficácia do contrato, deve haver a publicação do seu extrato e de seus aditivos no diário oficial até o quinto dia útil do mês seguinte ao de sua assinatura. Caso não ocorra, surge um sério problema para o gestor, pois o objeto de um contrato extinto só poderá ser recontratado mediante uma nova licitação. Daí a importância do controle da vigência contratual por parte do gestor, pois com o contrato extinto, apesar de ainda poder se aplicar as penalidades previstas, exigir a correção e conclusão dos serviços contratados e pagar as parcelas devidas, não é possível mais alterá-lo, mesmo que não haja impacto financeiro.

Em relação às mudanças no contrato, ele pode ser alterado unilateralmente pela Administração, ou em comum acordo entre as partes. Nas alterações unilaterais a contratada é obrigada a aceitar as modificações de projeto e acréscimo ou supressão de serviços, desde que o impacto financeiro esteja dentro dos limites previstos na legislação vigente, em que nas alterações unilaterais, o contratado é obrigado a aceitar, nas mesmas condições contratuais, acréscimos ou supressões, que se fizerem nas obras, nos serviços ou nas compras, de até 25% (vinte e cinco por cento) do valor inicial atualizado do contrato, sendo que, no caso de reforma de edifício ou de equipamento, o limite para os acréscimos é de 50% (cinquenta por cento).

Nos casos de alterações por acordo entre as partes, a lei prevê como possíveis motivos: conveniência da substituição da garantia de execução; modificação do regime de execução da obra ou serviço; modificação da forma de pagamento, por imposição de circunstâncias supervenientes; e manutenção do equilíbrio econômico-financeiro. Cabe também a possibilidade de supressões superiores a 25% do valor contratado, desde que o contratado concorde, vedado o acréscimo superior ao previsto em lei. Cabe destacar que, para contratos com empresas públicas, a Lei nº 13.303/16 não permite alterações unilaterais em contratos, sendo sempre em comum acordo entre as partes.

4.10 A execução dos contratos

O contrato público deve ser acompanhado e fiscalizado por um servidor especialmente designado para isso. No caso de obras e serviços de engenharia, a fiscalização dos trabalhos realizados pela empresa contratada é uma atividade técnica de engenharia, sendo necessário um responsável técnico habilitado para exercer essa função. Entretanto, a gestão do contrato pode ser feita por outro servidor, sendo comum, em alguns órgãos públicos, essa separação de atribuições: o fiscal técnico da obra, responsável pelo acompanhamento técnico, e o fiscal administrativo, que controla os aspectos legais, administrativos e gerenciais do contrato, como vigência, garantia, condições de habilitação, e outros. Quando há essa separação de atribuições, comum em muitas instituições públicas, deve haver uma sintonia entre o fiscal técnico e o administrativo, pois nenhum dos dois consegue atender satisfatoriamente o controle do contrato se não houver um comprometimento e troca de informações. Por exemplo, ao se analisar o pleito de dilação de prazo, o fiscal administrativo precisa de um posicionamento do fiscal técnico sobre as questões de engenharia que envolvem as justificativas apresentadas. Porém, nada impede ao fiscal técnico, sendo servidor público, acumular as atribuições de fiscal administrativo.

O perfil do fiscal técnico deve atender a três quesitos: conhecimento técnico, jurídico e gerencial. Na graduação, os engenheiros e arquitetos recebem uma formação satisfatória quanto às questões técnicas que envolvem uma obra ou serviço de engenharia, e qualquer deficiência de formação é compensada com pouco tempo de experiência prática. Contudo, as questões legais e gerenciais não têm uma abordagem acadêmica suficiente para que o engenheiro ou arquiteto fiscalize um contrato. As disciplinas que tratam de acompanhamento e controle de obras e projetos são ministradas em curto espaço de tempo, e de forma superficial. Aliado ao conteúdo apresentado, o interesse dos graduandos está mais focado para questões técnicas, pois eles estão mais preocupados, por exemplo, com a estabilidade estrutural do prédio que irão projetar e executar, não dando tanta importância às questões legais e gerencias. Após a conclusão da graduação, os novos profissionais irão observar que serão mais exigidos quanto a questões gerenciais e legais, compensando muitas vezes essa deficiência com cursos de capacitação e pós-graduação.

Para ilustrar, segue um exemplo hipotético que envolve aspectos técnicos, legais e gerenciais na fiscalização de uma obra: um fiscal de uma obra de 100 milhões de reais se depara com um problema orçamentário, pois o recurso foi contingenciado em 50 milhões de reais. Qual a preocupação do fiscal técnico com um problema orçamentário? A indisponibilidade de todo o recurso necessário requer da fiscalização um ajuste do cronograma e das atividades a serem executadas para que o impacto seja o menor possível, evitando interrupções do serviço com pagamentos pendentes, mas ao mesmo tempo garantindo a execução de serviços essenciais, para evitar retrabalhos futuros e que a segurança do local seja mantida. Uma decisão tardia caracteriza falha de gestão, o que pode gerar responsabilização dos envolvidos.

Esse exemplo retrata um problema bem atual, em que os recursos financeiros escassos exigem dos gestores públicos a priorização de algumas obras em detrimento de outras. Além disso, o custo de uma paralisação envolve outros gastos, como a manutenção do canteiro durante esse período.

Observa-se que o fiscal deve ter conhecimento técnico, para concluir quais serviços são essenciais; conhecimento gerencial, para mensurar o impacto de custo e prazo para cada cenário possível; e conhecimento legal, para saber se há respaldo na legislação vigente para os ajustes necessários do contrato. O cuidado que o fiscal deve ter é registrar sua decisão no processo, com todas as argumentações técnicas, gerenciais e legais, e ter o aceite da contratada, pois mudanças de cronograma devem ser feitas em comum acordo entre as partes. Com as justificativas devidamente documentadas da forma mais clara e completa possível, nenhum auditor irá condenar o fiscal por irregularidade. Porém, o importante é que tome uma decisão, pois a indefinição e a omissão também causam prejuízo para a Administração, e o fiscal poderá ser responsabilizado por não agir.

Outra situação que traz dúvidas à fiscalização é como tratar os encargos trabalhistas, previdenciários, fiscais e comerciais. Apesar desses encargos serem da contratada, a Administração tem responsabilidade solidária pelos encargos previdenciários. Dessa forma, um procedimento muito adotado por gestores de contrato é vincular a liberação do pagamento ao atendimento das condições de habilitação. A empresa só recebe o valor da medição se encaminhar para o gestor todas as certidões negativas e comprovantes de quitação de INSS e FGTS. Tal retenção, apesar de usual, não tem amparo legal. Caso a empresa não mantenha as condições de habitação durante a execução do contrato, ela está sujeita às seguintes sanções: advertência, multa, suspensão para participar de licitação e inidoneidade, além da possibilidade de rescisão unilateral do contrato, sendo que a retenção de pagamento não é uma penalidade prevista em lei.

Cabe destacar também que o contrato transfere a responsabilidade gerencial para a contratada, sendo que a atuação do fiscal se limita às condições definidas nas cláusulas contratuais e na legislação vigente. Conforme a situação hipotética apresentada anteriormente, caso uma empresa seja contratada para executar uma reforma em dez salas, e o cronograma prevê a entrega de uma sala completa por semana, o fiscal deve buscar o atendimento desse cronograma. Se a empresa demonstra na primeira semana que não vai concluir a primeira entrega no prazo previsto, o fiscal não pode impor a disponibilização de mais equipes para o trabalho, pois pode estar gerando uma obrigação não prevista. Nesse caso, se houver essa determinação, a empresa poderá pleitear um acréscimo de valor, sendo a solução mais adequada o fiscal se valer da cláusula de penalidade por atraso para impor à contratada o atendimento dos prazos, mas sem interferir diretamente na gestão da obra.

Ao final do contrato deve-se realizar o recebimento da obra ou serviço que, de acordo com a lei, ocorre em duas etapas: o recebimento provisório, no qual o fiscal relacionará as pequenas pendências a serem solucionadas no prazo determinado, mediante a emissão do respectivo termo; e o recebimento definitivo, realizado por comissão ou servidor nomeados para tal. É importante que a vigência contratual cubra os prazos de recebimento, de forma que a entrega definitiva ocorra durante a execução contratual. A importância do recebimento em duas etapas é interessante para as duas partes, pois, caso não haja o provisório, se a empresa entregar a obra com pequenas pendências que impedem o seu recebimento definitivo, ele está sujeito a penalidades por atraso de entrega, e a fiscalização terá obrigação contratual de penalizar a contratada.

4.11 A rescisão contratual

De acordo com a legislação, a inexecução total ou parcial do contrato enseja a sua rescisão, além das demais consequências contratuais e legais previstas. Sendo que os motivos para extinção do contrato são previstos em lei, podendo ser determinada por ato unilateral e escrito da Administração; consensual, por acordo entre as partes, conciliação, mediação ou comitê de resolução de disputas, desde que haja interesse para a Administração; e por determinação judicial ou arbitral.

A extinção unilateral poderá ser aplicada, por exemplo, nos casos de não cumprimento ou cumprimento irregular de cláusulas contratuais, especificações, projetos ou prazos; e desatendimento das determinações regulares da Administração. Nos casos citados, a fiscalização deve ter o registro dos motivos, caracterizando no processo todos os fatos que conduziram à decisão de rescisão, assegurando sempre a ampla defesa e o contraditório.

A rescisão consensual ocorre, por exemplo, nas situações: de razões de interesse público, devidamente justificadas e determinadas pela máxima autoridade competente; supressão no contrato de valor superior a vinte e cinco por cento do valor inicialmente contratado; suspensão da execução contratual, por ordem escrita da Administração, por três meses ou por prazo superior a 90 (noventa) dias úteis por repetidas suspensões que totalizem o mesmo prazo; atraso superior a 60 (sessenta) dias dos pagamentos devidos pela Administração; e não liberação, por parte da Administração, de área, local ou objeto para execução de obra, serviço ou fornecimento, nos prazos contratuais, bem como das fontes de materiais naturais especificadas no projeto.

Dentre os motivos apresentados, o atraso de pagamento de sessenta dias garante ao contratado a extinção do contrato, mas não a redução do ritmo ou paralisação da obra ou serviço sem ordem da Administração. Isso significa que, caso não receba determinação por escrito para reduzir o ritmo ou paralisar a obra, a contratada deverá manter as condições inicialmente pactuadas, estando sujeita inclusive a multas por atraso durante esse período. Isso também vale para a suspensão da execução para um prazo inferior a três meses, quando a contratada é obrigada a retornar à obra ou serviço após receber a nova ordem de serviço. Claro que cabe à fiscalização ter o bom senso de determinar esses procedimentos por escrito à contratada, para que a dilação de prazo do contrato esteja de acordo com as condições previstas em lei. Em alguns casos, para que a contratada não seja responsabilizada por não atender às exigências contratuais, uma alternativa adotada é buscar a extinção do contrato por determinação judicial ou arbitral, sendo que a última alternativa depende de previsão contratual.

4.12 O planejamento orçamentário

A fiscalização deve estar atenta ao planejamento orçamentário das obras, principalmente daquelas que ocorrem em mais de um exercício financeiro. Para isso, deve ser ajustado o cronograma contratual conforme ocorrem as mudanças de disponibilidade de recursos, oriundas de contingenciamentos, remanejamentos e alterações de propostas orçamentárias nos anos seguintes. Para exemplificar a situação, será adotado o seguinte exemplo: uma obra incluída no plano plurianual (PPA), contratada por 24 milhões de reais para ser executada em três exercícios financeiros, está prevista para iniciar em junho do corrente ano com medições mensais de 1 milhão de reais, conforme cronograma a seguir:

ano 1	ano 2		ano 3
2º semestre	1º semestre	2º semestre	1º semestre
6 milhões	6 milhões	6 milhões	6 milhões

Entretanto, antes de ser dada a ordem de serviço, o recurso disponível para o primeiro ano foi contingenciado em 3 milhões. Desse modo, é recomendável que a Administração deva emitir a ordem de serviço somente três meses depois, para que haja lastro orçamentário suficiente para efetuar o pagamento das parcelas a serem executadas no ano 1, ajustando contratualmente o cronograma de execução.

ano 1	ano 2		ano 3	
2º semestre	1º semestre	2º semestre	1º semestre	2º semestre
3 milhões	6 milhões	6 milhões	6 milhões	3 milhões

Caso o orçamento aprovado para o ano 2 seja reduzido de 12 para 9 milhões, outro ajuste deve ser feito no cronograma de execução, devendo suspender temporariamente a execução dos serviços ou, se possível, prever parcelas de menor valor para cada mês. Tal decisão depende de uma análise técnica e econômica.

ano 1	ano 2		ano 3	
2º semestre	1º semestre	2º semestre	1º semestre	2º semestre
3 milhões	3 milhões	6 milhões	6 milhões	6 milhões

Sendo assim, apesar de haver uma programação orçamentária, nem sempre a disponibilidade de recursos atende ao planejado, o que não gera responsabilização do gestor, desde que ele faça os ajustes devidos em seus contratos. Cabe ressaltar que a contratada não é obrigada a aceitar os ajustes de cronograma, sendo necessária uma tratativa com os representantes da empresa. Além disso, toda dilação de prazo de execução acarreta acréscimo de custos com administração local e reajustamentos, que devem ser previstos nos orçamentos futuros.

Outro cuidado no ajuste de cronogramas é buscar garantir a manutenção da qualidade dos serviços já executados, principalmente quando envolver terraplenagem. A abertura de grandes frentes de trabalho sem a devida proteção acarreta perdas de serviços, e esse custo é da Administração Pública. Em situações extremas, quando não há mais recursos orçamentários disponíveis para dar continuidade às obras, a rescisão contratual deve ser feita com alguns cuidados, dentre eles garantir um recurso mínimo para realizar as despesas com desmobilização; pagamentos de serviços executados e indenização de outras despesas. Cabe destacar que a maioria dos custos demissionários da mão de obra não são custos indenizáveis, pois eles já estão incluídos nos encargos sociais das composições dos custos diretos.

4.13 Aumento de quantitativos na empreitada por preço global

Todo pleito contratual deve ser analisado em duas etapas: primeiro deve-se verificar se o contratado tem direito ou não ao que foi solicitado. Caso conste que ele não tem direito, a análise se encerra neste ponto. Na segunda etapa, caso tenha direito ao que foi pleiteado, o gestor deve constatar se a quantidade solicitada está adequada ou não.

Deste modo, como orientação técnica, no caso específico de acréscimo de quantidades devido a erro de projeto em contratação na modalidade de preço global, para análise do pleito contratual pode ser adotado os seguintes passos:

1) Definir qual a faixa A da curva ABC de serviços contratados;
2) Identificar quais os itens pleiteados que se encontram dentro da faixa A da curva ABC do orçamento;
3) Os itens que se encontram fora da faixa A não serão aceitos como serviços a serem aditivados, sendo pago o preço acordado inicialmente;
4) Por serem considerados relevantes, os itens que se encontram dentro da faixa A poderão ser aditivados, conforme preconiza o Acórdão nº 1977/2013 — TCU, desde que:

    a) O valor do acréscimo pleiteado, considerados os demais pleitos aceitos oriundos de erro de projeto, não supere 10% do valor global da obra, conforme estabelecido no artigo 13, inciso II, do Decreto nº 7.983/2013;

    b) O aumento de quantidades não caracterize "jogo de planilhas". Nesse caso deve-se verificar se o valor do item a ser acrescido não é superior ao preço de referência subtraído do desconto global da proposta. Caso seja, os valores das quantidades a serem acrescidas devem ter o mesmo desconto do valor global, para não afetar a ordem original de classificação de propostas do processo licitatório;

c) Nos demais itens da faixa A da curva ABC não haja variação de quantidades a favor do contratado que compensem os acréscimos pleiteados;

d) Seja verificado se o percentual de risco definido no BDI (Bonificações e Despesas Indiretas) não contempla o valor pleiteado, cabendo à empresa demonstrar que o valor do risco foi consumido ou não por outros fatores;

e) O erro de quantidades pleiteado não se configure critério de quantificação ou de definição de coeficiente de consumo de insumos da ficha de composição, conforme exemplo a seguir; e

5) Após a verificação do pleito, o gestor deve documentar suas conclusões e anexar ao processo, junto com todas as informações prestadas pela contratada.

6) Atendidos esses critérios e observados os limites legais de acréscimo de valores, o fiscal poderá dar prosseguimento ao aditivo contratual ou recusa total do pleito.

4.14 Critério de quantificação de serviços

Não se deve confundir erro de quantidade com critério de quantificação de serviços. Dois engenheiros, dependendo da metodologia adotada, podem chegar a quantidades diferentes para o mesmo item de orçamento, sem nenhum deles ter errado. Isto porque as quantidades são ajustadas nos coeficientes de consumo dos materiais empregados [exemplo: pode-se quantificar o telhado de um prédio por área real (verdadeira grandeza) ou em projeção, o serviço e o consumo de insumos serão os mesmos, mas as quantidades levantadas desse serviço no orçamento serão diferentes para cada critério].

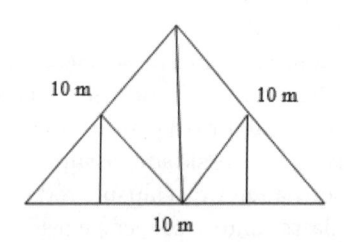

Exemplo prático: O desenho ao lado representa um telhado visto de frente, cujo comprimento é 100 m e que será construído com 20.000 telhas.

Se o engenheiro orçar o telhado pela área projetada, chegará a uma quantidade de 10 x 100 = 1.000 m². Se orçar pela área real, a quantidade passa a ser (10+10) x100 = 2.000 m², isto é, o dobro do primeiro critério.

Observa-se que a quantidade necessária de telhas é a mesma, pois o telhado não foi mudado. O ajuste é feito na ficha de composição: São necessárias *10 telhas por m² de área real* ou *20 telhas por m² de área em projeção*. No final serão necessárias 20.000 telhas, independentemente do critério adotado.

Outro aspecto é o critério de medição. Mesmo a preço global, os percentuais previstos para serem medidos devem corresponder fisicamente ao que será pago. Isto é, não é permitido arbitrar percentuais por etapas concluídas, sem que estes percentuais representem monetariamente os serviços efetivamente realizados. Caso contrário, caracteriza-se pagamento antecipado, o que pode ser interpretado pelo controle como superfaturamento.

Para se calcular os percentuais, os serviços previstos devem ser quantificados para cada etapa da obra, conforme o cronograma físico e o orçamento, e transformados em percentuais. No preço unitário se mede o serviço depois de concluído, e no preço global antes, sendo que, na prática, a gestão de um contrato por empreitada a preço unitário não difere do contrato a preço global, em relação aos demais preços. Essa diferenciação é mais acentuada em contratos privados, nos quais se tem liberdade de definir critérios de medição descolados do cronograma e do orçamento.

4.15 O cálculo do reajustamento

O reajustamento está previsto em lei,[30] e é procedimento automático, em que a recomposição se produz sempre que ocorra a variação de certos índices, independentemente de averiguação efetiva do desequilíbrio. Em contratos públicos ele deve estar previsto em cláusula contratual para que possa ser aplicado.

Em algumas minutas de contratos para obras e serviços com prazo de execução inferior a um ano, é costume não prever cláusula de reajustamento. Porém, qualquer dilação de prazo justificada pode gerar esse direito ao contratado, criando a necessidade, assim, de se realizar um aditivo contratual para inserir a referida cláusula toda vez que o prazo superar um ano. Recomenda-se sempre prever a existência dessa cláusula, independentemente de prazo de duração do contrato.

Cabe ressaltar que o pagamento do reajustamento não compromete os limites legais de acréscimo de valor contratual e não exige aditivo, pois não há alteração de cláusulas contratuais. Como a cláusula de reajustamento já está prevista no contrato, o que ocorre é um apostilamento do valor de reajuste.

O reajustamento é definido por dois parâmetros: a periodicidade e o índice. A periodicidade em contratos públicos é anual, conforme legislação vigente, e o índice a ser adotado deve representar a variação proporcional dos custos dos insumos de um serviço ou obra em determinado período. Para explicitar essa questão será adotado o seguinte exemplo:

> João planejou a construção de uma edificação em estrutura de madeira. Pedro, ao planejar a construção de outra edificação no mesmo período, não adotou madeira em seu projeto. O preço da madeira, no meio da obra, teve um aumento de 50%. O impacto dos custos na obra de João foi significativamente maior que na obra de Pedro. Caso os dois utilizassem o mesmo índice de reajustamento, haveria uma distorção entre os dois contratos.

Para a escolha de um índice de reajustamento, deve-se entender como ele é criado: depois de definido um projeto tipo, são levantados

---

[30] Lei nº 9.069/95. Art. 28, *caput* "Nos contratos celebrados ou convertidos em REAL com cláusula de correção monetária por índices de preço ou por índice que reflita a variação ponderada dos custos dos insumos utilizados, a periodicidade de aplicação dessas cláusulas será anual."

os principais insumos e seus valores ponderados,[31] e então é criada uma fórmula para gerar o índice, sendo ela periodicamente realimentada com a cotação dos preços desses insumos significativos. A variação do índice criado representa o percentual de reajuste a ser adotado para aquele período. Na construção civil, o índice mais adequado é o INCC,[32] que é desmembrado em diversos tipos de obras e serviços de engenharia, podendo um único contrato utilizar índices diferentes para diversos tipos de serviços, muito comum em obras rodoviárias.[33]

O procedimento para pagamento do reajustamento em contratos é simples, mas o gestor deve tomar alguns cuidados. Dentre eles, deve-se verificar se o que está sendo pago é efetivamente o que o contratado tem direito a receber. Para ilustrar o problema, segue um exemplo hipotético:

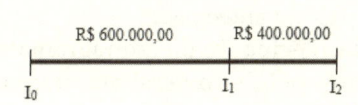

Determinada obra de R$1.000.000,00 é planejada para ser executado R$600.000,00 antes da data base de reajuste, e R$400.000,00 após a data base.

O índice adotado foi o INCC, que na data inicial de referência para cálculo de reajuste o $I_0 = 367,382$, e na data base o $I_1 = 410,262$. Para calcular o reajustamento, a fórmula a ser adotada é: Reajuste = $(I_1-I_0)/I_0$ = (410,262 - 367,382)/ 367,382 = 0,1167. O reajuste calculado é R$46.680,00.

No exemplo apresentado, a princípio o cálculo está correto, caso o cronograma contratual seja obedecido. O valor calculado deve ser apostilado ao contrato e o seu pagamento deve ocorrer proporcionalmente aos valores medidos após a data base de reajuste.

---

[31] A metodologia adotada para definir esses insumos é a curva ABC, em que os insumos da faixa A representam os itens mais significativos.

[32] INCC – significa Índice Nacional do Custo da Construção, elaborado pela Fundação Getulio Vargas. Tem a finalidade de apurar a evolução dos custos das construções habitacionais. A apuração abrange materiais e equipamentos, serviços e mão de obra da construção. Atualmente a coleta de dados é feita em sete capitais do Brasil (São Paulo, Rio de Janeiro, Belo Horizonte, Salvador, Recife, Porto Alegre e Brasília). Fonte: http://portalibre.fgv.br.

[33] Em obras rodoviárias é comum utilizar índices diferentes para terraplenagem, drenagem, sinalização e outros. Esse procedimento é adotado quando a variação de custo de cada grupo de serviço não pode ser representada por um único índice.

A prática adotada é continuar medindo os serviços pelos valores iniciais e no cálculo do valor devido é inserida a parcela de reajuste. Caso a primeira medição após a data base for de R$100.00,00 a preço inicial, a contratada emite uma nota fiscal no valor de R$100.000,00 de serviço executado, acrescido de R$11.670,00 de reajuste.

Porém, os problemas maiores ocorrem quando não há uma aderência da execução com o cronograma físico-financeiro anexo ao contrato. Supondo que no exemplo apresentado a contratada atrasou R$100.000,00 de serviços, e tenha ficado R$500.000,00 para serem executados após a data base de reajuste, a contratada tem direito a reajuste sobre que valor? A resposta depende de uma análise da fiscalização quanto ao atraso. Se ele foi justificado, a empresa tem direito a reajuste sobre R$500.000,00. Mas caso não haja justificativa para o atraso, ela terá direito a reajuste apenas sobre o previsto (R$400.000,00), além de estar sujeita às sanções previstas por atraso. Por outro lado, caso a contratada antecipe a execução em R$100.000,00 para antes da data base, ela receberá reajuste sobre R$300.000,00, e não sobre o previsto inicialmente. Sendo assim, a contratada não tem incentivo para antecipar cronograma, pois perde o reajuste da parcela antecipada.

Outra implicação em relação à antecipação de cronograma é a disponibilidade de aporte de recursos, pois, se o fiscal autorizar a contratada antecipar a obra, ela tem direito a receber o que executou, devendo haver recursos financeiros disponíveis para isso. Caso a Administração não pague, a legislação não prevê multas contratuais, mas os encargos financeiros devido ao atraso devem ser pagos. Daí a importância de o fiscal ter conhecimento sobre questões orçamentárias que envolvam sua obra.

A situação hipotética apresentada chama a atenção em relação a uma prática comum em alguns órgãos, que é o cálculo do reajuste sobre o saldo financeiro a pagar após a data base. Para demonstrar uma preocupação que todo fiscal deve ter, segue um exemplo de cronograma contratual, em que a data base ocorre ao final do primeiro ano:

Cronograma físico-financeiro contratual

	Ano 1		Ano 2	
	1º semestre	2º semestre	1º semestre	2º semestre
A	1 milhão			
B		1 milhão		
C			1 milhão	
D				1 milhão
	2 milhões no 1º ano		2 milhões no 2º ano	

Considerando que o percentual de reajuste seja de 10%, e a contratada tenha executado a obra exatamente conforme o cronograma contratual, o valor do reajuste será R\$2 milhões x 10% = 200 mil reais. Porém, no caso hipotético, a empresa atrasou injustificadamente a atividade B em um semestre e antecipou a atividade C em um semestre, conforme o cronograma abaixo:

Cronograma físico-financeiro executado

	Ano 1		Ano 2	
	1º semestre	2º semestre	1º semestre	2º semestre
A	1 milhão			
B			1 milhão	
C		1 milhão		
D				1 milhão
	2 milhões no 1º ano		2 milhões no 2º ano	

Observa-se que a obra se encontra fisicamente atrasada, mas financeiramente em dia. Caso a fiscalização calcule o reajuste pelo saldo financeiro a pagar, o valor do cálculo continua 200 mil reais (R\$2 milhões x 10% = 200 mil reais). Porém, está errado, pois considerando as observações feitas no caso hipotético anterior, no qual a contratada não tem direito a reajustamento por parcelas antecipadas para antes da data base, como também não tem direto sobre as parcelas atrasadas executadas após a data base, ela só teria direito ao reajuste relativo ao valor da atividade D, o que gera um cálculo de reajuste de 100 mil reais (R\$1 milhão x 10% = 100 mil reais).

Daí a importância de se controlar o cronograma corretamente, analisando o atraso físico, e não simplesmente verificando o avanço financeiro, pois uma adequação de cronograma contratual não justificada pode acarretar significativo dano financeiro à Administração.

4.16 A análise de reequilíbrio econômico-financeiro

O reequilíbrio econômico é o procedimento destinado a avaliar a ocorrência de evento que afeta a equação econômico-financeira do contrato e promove adequação das cláusulas contratuais aos parâmetros necessários para recompor o equilíbrio original. Diferente do reajustamento, o reequilíbrio econômico exige aditivo contratual e, além disso, não compromete os limites legais de acréscimo de valores, sendo que o contrato passa a ter um novo valor inicial.

Na verdade, o reequilíbrio não é um direito líquido e certo do contratado. Devido aos fatores que possam causar desequilíbrio, o contratado tem direito sim à rescisão contratual sem pagamento de multa, pois a legislação prevê que constituem motivo para extinção do contrato o caso fortuito ou a força maior, a qual deve ser formalmente motivada nos autos do processo, assegurados o contraditório e a ampla defesa e, regularmente comprovados, impeditivos da execução do contrato.

Caso seja negociada uma repactuação, a legislação permite o aditivo contratual para restabelecer o equilíbrio econômico-financeiro inicial do contrato em caso de força maior, caso fortuito ou fato do príncipe ou em decorrência de fatos imprevisíveis ou previsíveis de consequências incalculáveis, que inviabilizem a execução do contrato tal como pactuado.

Na análise do pleito de reequilíbrio, assim como nos demais, devem ser respondidos dois questionamentos: as razões da reclamação são pertinentes? Isto é, o contratado ou contratante tem direito ao pleito? Esse ponto é relativamente simples de responder. Já a segunda pergunta é mais complexa, e exige uma série de informações que nem sempre a contratada concorda em informar: a avaliação da contratada de quanto deve receber é o adequado? Para responder a esse quesito, são necessários comprovantes dos principais custos envolvidos na execução do contrato.

Muitos gestores tendem a simplificar essa análise, apenas repassando diretamente ao contrato os valores de custos apresentados, alterando os preços dos insumos que sofreram acréscimo nas respectivas fichas de composição de custos da proposta de preços apresentada na licitação. Porém, tal procedimento está incorreto, pois a análise deve ser global. Se alguns insumos aumentaram de valor acima do esperado e outros diminuíram, compensando os aumentos, não houve efetivamente desequilíbrio econômico-financeiro. Como o ônus da prova é do contratado, ele deve apresentar as comprovações dos seus principais custos (faixa "A" da curva ABC), e as cotações dos novos preços. O fiscal deve analisar os valores apresentados, confirmá-los mediante cotação no mercado e projetar o impacto financeiro no que falta executar.

A contratada nem sempre está disposta a abrir seus custos reais, pois estrategicamente não é bom para ela. Poderia se concluir que ela se recusa a justificar de forma documental por não conseguir comprovar algumas aquisições (exemplo: compra sem nota fiscal), mas o principal motivo é que, ao abrir suas contas, ela se expõe para os seus concorrentes. Como todo o processo é público, as demais empresas terão acesso aos seus dados e inferir como ela elabora sua planilha de custos e como funcionam seus contratos de fornecimento, o que estrategicamente para ela é ruim. Sendo assim, na maioria das vezes os pleitos contratuais são mal analisados, ou não são atendidos.

Outro aspecto importante no pleito de reequilíbrio econômico-financeiro é que ele também pode partir do contratante. Caso algum fato venha gerar uma redução significativa de valor dos serviços contratados, o gestor deve negociar o reequilíbrio ou rescindir o contrato.

Por fim, não é previsto cláusula prévia de reequilíbrio, pois a legislação já define isso como um direito das partes, independentemente de previsão contratual. Porém, quando ocorre o reequilíbrio, a data base de reajustamento deve ser revista, pois, com o realinhamento de preços, o contratado terá direito a um reajuste somente após um ano do respectivo aditivo, e não mais pela data base inicial do contrato.

Por ser a parte que possui as comprovações dos custos reais, a contratada deve fornecer os documentos que comprovam ou não o desequilíbrio econômico-financeiro. Sendo assim, segue uma sugestão de informações a serem solicitadas a ela, para que se possa fazer uma análise global adequada no caso de o pleito de reequilíbrio partir da contratada:

1) Apresentar todos os custos reais dos serviços constantes na faixa "A" da curva ABC de serviços, mediante apresentação de notas fiscais das compras dos respectivos insumos;

2) Demonstrar, mediante apresentação de cotações de preços à época, apropriação de custos, registros no diário de obras e demais documentos comprobatórios, que os custos apresentados não foram oriundos de perdas de produtividade, retrabalhos, erros de orçamentação e falhas de planejamento, e sim de *caso de força maior, caso fortuito ou fato do príncipe ou em decorrência de fatos imprevisíveis ou previsíveis de consequências incalculáveis, que inviabilizem a execução do contrato tal como pactuado, respeitada, em qualquer caso, a repartição objetiva de risco estabelecida no contrato"*;

3) Apresentar uma análise consistente, demonstrando que as perdas oriundas de *"caso de força maior, caso fortuito ou fato do príncipe ou em decorrência de fatos imprevisíveis ou previsíveis de consequências incalculáveis, que inviabilizem a execução do contrato tal como pactuado, respeitada, em qualquer caso, a repartição objetiva de risco estabelecida no contrato"* foram superiores aos ganhos oriundos desses mesmos fatores.

Cabe ressaltar que os valores de perdas e ganhos, junto com as respectivas comprovações, devem ser calculados e corrigidos conforme um fluxo de caixa de receitas e despesas, adotando-se o índice previsto em contrato, coerentes com a ocorrência dos eventos e o cronograma de execução contratual detalhado.

Caso o valor futuro líquido[34] (VFL) fruto desse fluxo de caixa seja inferior ao lucro previsto em BDI (VFL < LUCRO) para as parcelas analisadas (faixa "A" da curva ABC), a diferença entre VFL e lucro representará o valor a ser acrescido ao contrato. Caso o valor seja superior ao lucro (VFL > LUCRO), a diferença representará o valor a ser suprimido do contrato.

4.17 A manutenção do desconto global

Atualmente, na Administração Pública há uma grande dificuldade dos engenheiros e arquitetos em elaborar orçamentos ou justificar preços de serviços novos em contratos públicos de obras e serviços de engenharia, devido à preocupação de serem responsabilizados por possíveis sobrepreços ou superfaturamentos. Nesse contexto, a manutenção do desconto global é um mecanismo definido inicialmente pela doutrina e jurisprudência, e depois incorporado à legislação, em que se deve manter o desconto global inicialmente aplicado na proposta original da contratada, no caso de supressões e acréscimos em contratos.

Na elaboração de orçamentos de referência para licitar, o procedimento previsto é, após levantamento dos serviços e respectivas quantidades, adotar os valores de referência constantes no SINAPI e no SICRO, dependendo do tipo de atividades envolvidas na contratação.

Entretanto, caso não haja determinado insumo/serviço no sistema SINAPI ou SICRO, o procedimento adequado é a realização de cotações de preços desses insumos/serviços e adoção dos valores medianos levantados. Apesar desse procedimento estar alinhado com o Decreto

---

[34] Mais uma vez, cabe destacar a importância de se ter conhecimentos das ferramentas de gestão de projetos.

nº 7.983/2013, o artigo 6º do referido decreto omite qual critério deve ser adotado no caso de pesquisa de mercado:

> Art. 6º Em caso de inviabilidade da definição dos custos conforme o disposto nos arts. 3º, 4º e 5º, a estimativa de custo global poderá ser apurada por meio da utilização de dados contidos em tabela de referência formalmente aprovada por órgãos ou entidades da administração pública federal em publicações técnicas especializadas, em sistema específico instituído para o setor *ou em pesquisa de mercado*. (grifo nosso). (BRASIL, 2013).

De acordo com o Acórdão TCU 1639/2016 – Plenário, no caso de equipamentos deve ser adotado o menor preço cotado, devido ao seu peso ser significativo em orçamentação de obras:

> 90. Na linha do Acórdão 7290/2013-TCU-Segunda Câmara (rel. Ministra Ana Arraes), entendo que, em se tratando de aquisição de equipamentos a serem fornecidos em mercado restrito, oligopolizado, deve ser adotada a cotação mínima e não a mediana. Isso porque, nesse tipo de mercado, dificilmente os menores valores decorrem de situações excepcionais, como promoções. (BRASIL, 2016).

Porém, excluindo a situação de novos serviços que envolvem cotação de equipamentos, a jurisprudência do TCU constantemente cita a necessidade de se buscar o referencial de mercado na ausência de referência de preço no SINAPI ou SICRO:

> Acórdão TCU 2056/2015– Plenário. [...] Ademais, observa-se, conforme apontado pela unidade técnica, que a jurisprudência deste Tribunal, conforme consta nos Acórdãos 2062/2007, 2350/2007, 2068/2007, 2631/2007, 2603/2007, 136/2008, 278/2008, 396/2008, 702/2008, 971/2008 e diversos outros, todos do Plenário, aponta pela necessidade de a administração pública respeitar os referenciais de mercado, em especial o Sinapi e o Sicro, justificando-se, quando da adoção de outros valores senão os constantes destes referenciais, para a formação do preço de um determinado serviço. (BRASIL, 2015).

Considerando que as metodologias SICRO e SINAPI adotam a mediana dos preços de mercado dos insumos para definir os preços de referência em orçamentação de obras e serviços de engenharia, é plenamente aceitável que sejam adotadas também para elaboração de composições de novos serviços não previstos nessas tabelas de referência, mas necessárias à correta orçamentação de obras e serviços de engenharia.

A justificativa técnica para adoção de valores medianos está no fato de que a eficiência na execução de determinados serviços não é a mesma para todas as empresas construtoras, havendo diferenças devido a oscilações de produtividades; capacidade de negociação com fornecedores; especialidade na execução de determinados serviços e necessidade de subcontratação de outros; dificuldades de mobilização de pessoal e equipamentos, levando a outras subcontratações; e demais motivos que afetam direta e indiretamente os custos de cada serviço.

A adoção da mediana dos valores permite eliminar as precificações extremas e representa o valor esperado dos insumos cotados. Porém, após a assinatura do contrato é comum, durante sua execução, ocorrência de aditivos com supressões e acréscimos de serviços. Os procedimentos adotados pela maioria dos órgãos públicos nesses casos estão alinhados com as orientações e determinações do Tribunal de Contas da União, conforme Acórdão TCU 2440/2014 e outros. No caso de serviços novos não previstos no contrato original, mas constantes no SINAPI ou SICRO, é adotado o preço previsto no SINAPI ou SICRO, aplicando em seu valor o desconto global que a contratada ofereceu em sua proposta em relação ao orçamento de referência, com objetivo de "garantir o equilíbrio econômico-financeiro do contrato e a manutenção do percentual de desconto ofertado pelo contratado" (Acórdão TCU 2440/2014 – Plenário). A adoção do desconto global é aplicada inclusive quando há acréscimo de quantidades de serviços existentes na planilha original do contrato, mas cujo serviço isoladamente não apresenta o mesmo desconto global, evitando assim um possível "jogo de planilhas".

Acórdão TCU 2440/2014 – Plenário: "[...] 9.3.2.6. estabelecer, nos editais de licitação, que, na hipótese de celebração de aditivos contratuais para a inclusão de novos serviços, o preço desses serviços será calculado considerando o custo de referência e a taxa de BDI de referência especificada no orçamento-base da licitação, subtraindo desse preço de referência a diferença percentual entre o valor do orçamento-base e o valor global do contrato obtido na licitação, com vistas a garantir o equilíbrio econômico-financeiro do contrato e a manutenção do percentual de desconto ofertado pelo contratado, em atendimento ao art. 37, inciso XXI, da Constituição Federal e aos arts. 14 e 15 do Decreto n. 7.983/2013;" (BRASIL, 2014).

Porém, o problema maior é quando há necessidade de se acrescentar a um contrato vigente serviços novos não previstos no SICRO ou SINAPI. Nesses casos um procedimento comum, seguido por diversos fiscais de contrato, é fazer as cotações necessárias, adotar os valores medianos acrescidos do BDI e aplicar o desconto global. Contudo, esse procedimento pode representar um acréscimo indevido de lucro para a contratada, em situações cujo desconto não seja significativo. Desse modo, a solução mais adequada tecnicamente seria adotar o menor preço cotado com aplicação do BDI, sem aplicação do desconto global, conforme pode-se constatar no exemplo a seguir:

Aplicação do Desconto Global

Menor valor cotado:	R$ 90,00
Mediana:	R$ 110,00
Preço com desconto global de 10%:	R$ 99,00
Preço com desconto global de 20%:	R$ 88,00

A mediana das cotações de determinado insumo foi de R$110,00 a unidade, sendo que o menor valor cotado foi de R$90,00. Caso o desconto global da proposta seja de 10%, esse desconto aplicado na mediana gera um valor a ser aditivado de R$99,00, 10% acima do menor valor cotado. Desse modo, ao comprar o insumo a R$90,00, a diferença de R$9,00 representaria um adicional ao lucro da contratada. Porém, se o desconto global for de 20%, o valor a ser aditivado é de R$88,00, R$2,00 abaixo do valor mínimo.

Sendo assim, pode-se concluir que o procedimento tecnicamente mais adequado para definir valores de serviços não previstos no SICRO ou SINAPI em aditivos contratuais é adotar o menor dos valores: a mediana com desconto global ou o menor valor cotado.

CAPÍTULO V

ESTUDOS DE CASO

5.1 Reajustamento, mudança de especificação e de regime de execução

Durante a execução de uma obra pública, cujo objeto é uma reforma predial e o regime de execução adotado é a empreitada por preço global, foi pleiteado pela contratada um aditivo para acréscimo de valor devido às divergências entre a especificação técnica, que previa instalação de divisórias de 10 centímetros de espessura e o orçamento, que descrevia a mesma divisória, só que com 5 centímetros de espessura. Caso não fosse aceita a mudança do valor, a fiscalização poderia autorizar executar a divisória de 5 cm. O outro acréscimo de valor é relativo a uma série de divergências de quantidades de serviços entre o que está previsto no orçamento e o que efetivamente está sendo executado. Além disso, ela solicita o pagamento das medições seguintes com reajustamento, pois havia passado um ano da data de entrega de propostas.

Ao analisar as solicitações da empresa, a fiscalização constatou que apesar da divergência entre a especificação (10 cm) e o item de orçamento (5 cm) das divisórias, uma licitante questionou à comissão de licitação durante o processo licitatório sobre essa diferença, e foi respondido formalmente que era para considerar em sua proposta divisórias de 10 cm, mas sem modificação do valor do orçamento de referência, sendo que a licitante desistiu do certame.

Em relação à grande quantidade de divergências de quantitativos, a fiscalização optou por modificar o regime de execução para empreitada por preço unitário, tendo em vista que o contrato envolve uma reforma predial.

Quanto ao reajustamento, a fiscalização verificou que a data base para reajuste prevista em edital era a data do orçamento de referência, e que o índice de reajuste previsto no contrato era o IPCA (Índice Nacional de Preços ao Consumidor Amplo), que representava um percentual de reajuste maior do que o INCC (Índice Nacional da Construção Civil). A respeito do caso hipotético apresentado acima, discorra sobre as seguintes ideias:

a) A contratada tem direito ao acréscimo de valores oriundo da divergência de especificação?

A divergência entre a especificação técnica e o orçamento é indiscutivelmente um erro de projeto, pois a especificação (10 cm) define um serviço diferente do que foi orçado (5 cm). Porém, houve um questionamento durante o processo licitatório, e a resposta da comissão de licitação foi para considerar a execução de uma divisória de 10 cm pelo preço de uma de 5 cm, o que provavelmente levou à licitante autora do questionamento a desistir do certame. Caso não houvesse nenhum questionamento, a mudança do orçamento ou de especificação seria razoável, mas com a decisão da comissão esse pleito não pode ser aceito, pois todos tomaram conhecimento do posicionamento dela, e uma decisão diferente fere o princípio da isonomia, pois a contratada teria uma vantagem em relação às suas concorrentes, ou até mesmo a outra licitante poderia não ter desistido da licitação. Nesse caso, a decisão acertada é negar o pleito de alteração de valor do serviço ou de mudança de especificação, sendo a contratada obrigada a executar o serviço pelo preço inicialmente ofertado.

b) A solução de mudança de regime de execução tem amparo legal?

Nos contratos de empreitada por preço global os aditivos de alteração de quantitativos só são permitidos quando os serviços são relevantes e os erros são significativos. Por se tratar de reforma predial, é normal uma variação expressiva de quantitativos entre o orçamento e o que efetivamente é executado, daí nesses casos ser adequado adotar a empreitada por preço unitário.

Porém, apesar da legislação permitir a alteração de regime de execução durante o cumprimento do contrato, nesse caso hipotético a decisão do fiscal de mudar traz uma vantagem para a contratada que os demais licitantes não tiveram, ferindo assim o princípio da isonomia.

Dessa forma, a fiscalização não deve alterar o regime de execução., aceitando os ajustes de quantitativos somente para os serviços relevantes com erros significativos.

c) A contratada tem direito ao reajustamento na data solicitada?

A legislação vigente prevê que o prazo de um ano para o reajustamento será contado a partir da data limite para apresentação da proposta ou do orçamento a que essa se referir, conforme determinar o edital. A data limite para apresentação da proposta é mais adequada para objetos que podem baixar de valor com o passar do tempo, como algumas soluções de tecnologia da informação, em que equipamentos tendem a diminuir de preço. A data do orçamento a que essa se referir é a data base do orçamento de referência, mais adequada quando a tendência é de os preços subirem com o passar do tempo, como ocorre em execução de obras e que está prevista como referência na nova lei de licitações. Com a utilização inadequada da data limite para apresentação da proposta em contratos de obras corre-se o risco de se ter licitações desertas e fracassadas, ou pior, ter empresas que apresentem preços inexequíveis.

Sendo assim, a data base adotada no edital é inadequada, mas a sua substituição pela data do orçamento de referência caracteriza uma vantagem para a contratada que as demais licitantes não tiveram, o que fere o princípio da isonomia. Desse modo, esta solicitação de mudança de data base também deve ser indeferida pela fiscalização.

d) O índice de reajuste adotado é o mais adequado?

Conforme a legislação vigente, o índice de reajuste deve retratar a variação efetiva do custo de produção, admitida a adoção de índices específicos ou setoriais. No caso hipotético o índice mais adequado é o INCC, pois atende ao que a lei preconiza. Porém, o edital prevê erradamente o IPCA, levando a uma correção de valores acima do INCC e, no caso hipotético, sendo mantido o índice contratual o pagamento do reajuste irá caracterizar um superfaturamento por reajuste irregular de preços.

Desse modo, a solução para manter o contrato é repactuá-lo, alterando o índice para o INCC. Nesse caso, a mudança de índice só pode ser realizada com a anuência da contratada, pois era uma condição prevista em edital. Caso a contratada não concorde em ajustar o contrato, ele deve ser rescindido para se evitar o superfaturamento.

Entretanto, caso o IPCA gerasse uma correção de valores menor do que o INCC, a solução adequada seria manter o índice contratual, pois a sua troca caracterizaria uma vantagem indevida para a contratada. A decisão divergente para cada situação se dá pela necessidade de se garantir o interesse público em todas as situações.

Observa-se nos três primeiros questionamentos que o segredo para uma decisão acertada é voltar ao passado, durante o processo licitatório, e verificar se, caso a alteração das condições iniciais fosse feita no edital, o impacto na licitação seria diferente. Caso haja a mínima hipótese de se modificar as condições dos participantes, tal alteração não pode ser realizada, pois caso contrário iria ferir o princípio da isonomia. Já no último questionamento fica claro a necessidade de se evitar o superfaturamento, que pode levar à necessidade de modificações das condições pré-estabelecidas no edital para saneamento de possíveis vícios no processo.

5.2 Aditivos contratuais em empreitada por preço global

Uma empresa foi contratada para executar determinada obra por empreitada por preço global, prevista para ser concluída em dois anos e orçada em 100 milhões de reais a preço inicial. A Administração necessita ajustar o projeto devido a mudança de finalidade do imóvel, realizando assim uma supressão de 10 milhões e um acréscimo de 35 milhões. Além disso, a contratada solicitou uma dilação de prazo de 6 meses, devido à impossibilidade de execução da obra no período chuvoso, que são três meses no ano. A respeito do caso hipotético apresentado acima, discorra sobre as seguintes ideias:

a) É possível, baseado somente nas informações apresentadas, aceitar as supressões e acréscimos pleiteados?

Com a supressão de 10 milhões e o acréscimo de 35 milhões, apesar do valor final do contrato ficar em 125 milhões, 25% a mais do que o valor inicial, a supressão de 10% não pode compensar um acréscimo superior a 25%, devendo as duas alterações serem tratadas em separado. Isto é, quando se pleiteia um acréscimo de 35%, independentemente das supressões ocorridas, há uma superação do limite máximo de aditivo permitido por lei. Nesse caso o acréscimo deve ser limitado a 25% e o aditivo é irregular.

Nos casos em que há necessidade de acréscimo superiores a 25%, a parcela que superar esse percentual deve ser licitada, ou o contrato rescindido e realizada uma licitação de todo o remanescente da obra.

Entretanto, em situações excepcionalíssimas há uma possibilidade de acréscimos superiores a 25%, conforme Decisão 215/1999 Plenário TCU:

> Nas hipóteses de alterações contratuais consensuais, qualitativas e excepcionalíssimas de contratos de obras e serviços, é facultado à Administração ultrapassar os limites aludidos no item anterior, observados os princípios da finalidade, da razoabilidade e da proporcionalidade, além dos direitos patrimoniais do contratante privado, desde que satisfeitos cumulativamente os seguintes pressupostos:
> I – não acarretar para a Administração encargos contratuais superiores aos oriundos de uma eventual rescisão contratual por razões de interesse público, acrescidos aos custos da elaboração de um novo procedimento licitatório;
> II – não possibilitar a inexecução contratual, à vista do nível de capacidade técnica e econômico-financeira do contratado;
> III – decorrer de fatos supervenientes que impliquem em dificuldades não previstas ou imprevisíveis por ocasião da contratação inicial;
> IV – não ocasionar a transfiguração do objeto originalmente contratado em outro de natureza e propósito diversos;
> V – ser necessárias à completa execução do objeto original do contrato, à otimização do cronograma de execução e à antecipação dos benefícios sociais e econômicos decorrentes;
> VI – demonstrar-se na motivação do ato que autorizar o aditamento contratual que extrapole os limites legais mencionados na alínea "a", supra que as consequências da outra alternativa (a rescisão contratual, seguida de nova licitação e contratação) importam sacrifício insuportável ao interesse público primário (interesse coletivo) a ser atendido pela obra ou serviço, ou seja gravíssimas a esse interesse; inclusive quanto à sua urgência e emergência. (BRASIL, 1999).

Por se tratar de uma alternativa excepcionalíssima e não de uma regra, é recomendável evitar adotar sistematicamente essa decisão do TCU, pois expõe o gestor a possíveis responsabilizações. O adequado é sempre investir em projetos de qualidade, reduzindo assim a incidências de aditivos fruto de mudança de projeto.

b) A justificativa de dilação de prazo apresentada pelo contratado é aceitável?

A ocorrência de chuvas em determinado período do ano, como justificativa para pleitos de dilação de prazo, só pode ser aceita se houver a comprovação de imprevisibilidade. Se o histórico pluviométrico da região indica que em três meses do ano há chuvas intensas, onde é impraticável execução de obras, não há de que se falar em imprevisibilidade.

Sendo assim, os seis meses de chuva em dois anos no referido contrato não é justificativa suficiente para aceitar o pleito.

Contudo, as mudanças de projeto, desde que aceitas dentro do limite legal de 25%, são justificativas para dilação de prazo de execução. Mas a contratada deve comprovar técnica e gerencialmente o impacto das mudanças de projeto no seu cronograma.

Nesse caso, um cuidado deve ser tomado. Se os ajustes do cronograma deslocam atividades no tempo para o período chuvoso, que antes da mudança de projeto eram executadas em tempo seco, cabe considerar esse tempo de chuva no acréscimo do prazo de execução. Deve-se deixar claro que o motivo para considerar o período de chuva na dilação não é o fato dela ser excepcional, mas sim o deslocamento de atividades para esse período devido à mudança de projeto.

Um erro comum, adotado por algumas contratadas, é não considerar essa análise em seus pleitos. Por exemplo: uma obra com dezoito meses de duração nessa região passará por quantos períodos de chuva? Dependendo de quando ela começar, poderá passar por um ou dois períodos. Se a obra está prevista para começar ao final de um período de chuvas e houver um atraso de seis meses na liberação do local da obra, o pleito de dilação de prazo deve ser de nove meses (seis de atraso e três de período adicional de chuvas). A contratada não solicitando nove meses de dilação de prazo no pleito inicial, não poderá utilizar a mesma justificativa de atraso na liberação do local da obra para um pleito futuro.

5.3 Aditivos contratuais em contratação integrada

Durante a contratação integrada de uma determinada execução de obra rodoviária, foi constatado pela fiscalização que o volume de terraplenagem, previsto no projeto executivo elaborado pela contratada, é superior ao estimado no anteprojeto. Foi verificada também a presença de solo mole inexistente nos boletins de sondagem dos estudos iniciais, devido às normas de anteprojeto do órgão preverem um maior espaçamento entre os furos de sondagem. Baseado nesses fatos, a empresa construtora realizou um pleito de acréscimo de valores. A respeito do caso hipotético apresentado acima, discorra sobre as seguintes ideias:

a) Pode-se afirmar que o anteprojeto está errado?

Se os espaçamentos dos furos de sondagem obedeceram às normas do órgão para elaboração de anteprojeto, e os perfis no boletim correspondem, nos pontos dos furos, ao perfil existente no terreno, não há como afirmar que o anteprojeto está errado. O que ocorreu foi um grau de incerteza maior devido ao espaçamento entre furos não ter registrado as ocorrências de solo mole, o que é possível. Seguindo tal entendimento, pode-se afirmar que o volume de terraplenagem pode variar em relação ao levantamento realizado na fase de anteprojeto, sem que isso caracterize erro de quantitativos.

Como já apresentado anteriormente, o anteprojeto difere do projeto executivo quanto à precisão das informações. O anteprojeto é eivado de incertezas, e cabe ao licitante considerar essas incertezas em sua análise de riscos durante a elaboração da proposta. Claro que, quanto pior a qualidade de informação no anteprojeto, maior o risco para o contratado e, consequentemente maior o custo do empreendimento, sendo que essa imprecisão demasiada pode levar a licitações desertas, fracassadas ou contratos demasiadamente onerosos. Daí a importância em se investir em anteprojetos mais detalhados. Contudo, a licitação já ocorreu e o licitante deveria ter considerado esses riscos em sua proposta, não cabendo nesse caso alegar erro de anteprojeto devido às divergências apresentadas.

b) A contratada tem direito à acréscimo de valores no contrato?

A lei prevê aditivos na contratação integrada em casos de restabelecimento do equilíbrio econômico-financeiro decorrente de caso fortuito ou força maior; por ocorrência de evento superveniente alocado na matriz de riscos como de responsabilidade da Administração; ou por necessidade de alteração do projeto ou das especificações para melhor adequação técnica aos objetivos da contratação, a pedido da Administração, desde que não decorrente de erros ou omissões por parte do contratado.

Para ela ter direito a acréscimo de valores, deve comprovar se há informações erradas, e não imprecisas, no anteprojeto; ou se esse risco está alocado para a Administração. Se a contratada conseguir demonstrar que, no mesmo ponto de sondagem do anteprojeto, o perfil do subsolo é totalmente diferente do boletim de sondagem, isso é justificativa para considerar o anteprojeto errado. Mas o espaçamento maior, desde que normatizado, não caracteriza erro, logo não cabe aditivos por esse motivo.

A inexistência de previsão legal de aditivos nesse caso transfere os riscos do empreendimento para a contratada, que deveriam ter sido observados na fase de elaboração da proposta. Uma forma de tratar os riscos é quantificá-los e inseri-los no valor da proposta, ou reduzir o grau de incerteza, realizando estudos adicionais de campo, como novas sondagens e levantamentos topográficos mais precisos.

Uma forma de minimizar esse tipo de questionamento é elaborar uma matriz de riscos que relacione as prováveis causas de pleito contratual, alocando cada fator ao contratante ou ao contratado, lembrando que, quanto mais riscos alocados à contratada, maior o valor do contrato. Dessa forma, alguns fatores de risco muito altos devem ser preferencialmente alocados à Administração, como por exemplo ajustes oriundos de atraso em liberação de licenças ambientais pelos órgãos licenciadores e demora no processo de desapropriação, desde que não sejam fruto de falha gerencial da contratada. Tais riscos são demasiadamente altos para serem assumidos pela construtora em execução de obras rodoviárias, sendo recomendável alocá-los para a Administração.

5.4 Pleitos por atraso de execução e acréscimos de custos de canteiros

Uma empresa contratada para executar uma obra de edificação alega que o atraso no cronograma é fruto do elevado nível do lençol freático, e que para rebaixá-lo há necessidade de equipamentos e serviços não previstos na proposta, pois nas composições de custos do canteiro de obras do projeto básico não constavam tais equipamentos. O fiscal informa que a região é suscetível a esse tipo de problema, e que o nível do lençol freático consta nos boletins de sondagem disponibilizados no projeto básico. Considerando que o regime de execução é a empreitada por preço global, a respeito do caso hipotético apresentado acima, discorra sobre as seguintes ideias:

a) A justificativa de atraso é aceitável?

Baseado nas informações apresentadas, as justificativas de atraso não são aceitáveis, pois o nível do lençol freático era uma informação que já constava nos boletins de sondagem. Além disso, a região é suscetível a esse tipo de problema, e a licitante, ao declarar que tomou conhecimento de todas as informações e das condições locais para o cumprimento das obrigações objeto da licitação, assume os riscos envolvidos quanto aos possíveis atrasos de execução. O aceite da fiscalização para uma dilação de prazo, nesse caso, caracterizaria o não atendimento ao princípio da isonomia, pois proporcionaria uma vantagem indevida ao contratado.

b) O acréscimo de custos com o rebaixamento do lençol freático é pertinente?

A princípio, a alegação da contratada de que o valor do serviço de rebaixamento do lençol freático deve ser acrescido ao contrato não é aceitável, pois a licitante tem total liberdade de ajustar suas composições de custos. A licitação, em sua fase externa, tem um prazo para divulgação do edital, momento esse em que as licitantes ou qualquer cidadão tem o direito de solicitar esclarecimentos ou impugnações do edital. Na análise do pleito de um possível acréscimo de serviço, a fiscalização deve buscar no processo licitatório se houve algum pedido de esclarecimento específico sobre o tema, tomando sua decisão baseada no que a comissão de licitação respondeu no processo. Caso não tenha nenhum posicionamento da comissão favorável a um possível ajuste, a contratada não tem direito a acréscimo de valor.

Um cuidado que se deve ter nesse tipo de análise é verificar se o serviço pleiteado não é uma atividade acessória. Um procedimento comum de alguns contratados é utilizar a composição de custos do orçamento de referência como se especificação técnica fosse. Cabe destacar que a composição de custos é referencial, e o que define o que e como os serviços serão feitos é o projeto de arquitetura e engenharia, com suas respectivas especificações técnicas. Quando a Administração contrata a execução de uma obra, ela não está adquirindo cimento, areia, brita ou horas de pedreiro e de bomba de recalque, e sim serviços executados conforme o especificado.

5.5 Responsabilização por patologias encontradas em obras públicas

O engenheiro responsável pela execução de um prédio público constata, durante as escavações das fundações, que há uma camada de solo mole logo abaixo da cota de assentamento das sapatas. Imediatamente comunica o fato ao fiscal técnico, que determina a continuidade da execução exatamente conforme está em projeto, registrando sua ordem em diário de obras. A construtora atende à determinação da fiscalização, contudo, antes da finalização da obra, o prédio começa a sofrer recalque diferencial, justamente nos pilares apoiados nas sapatas executadas sobre a camada de solo mole. A respeito do caso hipotético apresentado acima, discorra sobre as seguintes ideias:

a) Qual o nível de responsabilidade e consequências para a contratada e para a fiscalização pela patologia apresentada?

O procedimento inicial da contratada foi adequado, pois o engenheiro responsável pela execução da obra deve alertar à fiscalização sobre possíveis falhas de projeto. No caso específico pode não ser um erro de projeto, e sim uma imprecisão inerente ao tipo de serviço executado. As sondagens, que servem de base para o dimensionamento das fundações, são realizadas de forma espaçada, sendo possível deixar de se perceber na fase de projeto uma mudança do comportamento do subsolo entre os pontos de sondagem.

Mesmo descaracterizando o erro de projeto, um engenheiro não pode executar um serviço técnico contrariando as melhores práticas, apesar da fiscalização determinar que fosse executado de forma errada. No caso apresentado, o responsável técnico pela obra deveria ter se recusado a executar o serviço e, caso o fiscal mantivesse seu posicionamento e o notificasse por não atendimento às suas determinações, uma saída para evitar consequências administrativas seria uma decisão judicial de paralisação dos serviços.

Cabe destacar que a ordem direta da fiscalização não retira a responsabilidade técnica da construtora pelo erro de execução. Pelo contrário, executar o serviço sabendo previamente que estava errado compromete ainda mais a contratada, e cabe a ela reparar o erro cometido e ainda sofrer as sanções previstas em contrato. Além disso, a atuação da fiscalização não diminui a responsabilidade da contratada, devendo ser instaurado um processo disciplinar para apurar a negligência do fiscal, mas essa apuração não servirá de justificativa no processo sancionatório da contratada.

b) Caso a patologia surgisse após a entrega da obra, qual procedimento deveria ser seguido pela Administração?

Os sinais de recalque de fundação, assim como qualquer outro vício oculto, devem ser corrigidos pela contratada, independentemente de o serviço ter sido medido e pago, ou o contrato finalizado. Para isso deve se acionar a garantia do produto, que no caso de edificações é de 5 anos.

Uma prática comum é contratar outra empresa para corrigir vícios após a entrega da obra, sem antes acionar a contratada. A Administração que realiza despesa com manutenção desses vícios está causando dano ao erário, pois é um custo pós-obra da construtora contratada. Uma contratação dessas é possível nos casos de urgência, após exigir da construtora a solução e ela não agir, mas se deve cobrar posteriormente esses valores corrigidos a ela.

5.6 Subcontratação e custos administrativos por dilação de prazo

Uma empresa de manutenção predial foi contratada para repintar a fachada e os ambientes internos de um prédio público, e também para trocar toda a impermeabilização do terraço da cobertura. Depois de iniciado os trabalhos, a contratada pleiteou uma dilação do prazo de execução, alegando que a pintura da fachada coincidiu com o período de chuvas da região. Além disso, solicitou a subcontratação do serviço de impermeabilização, atividade que foi motivo de comprovação de capacidade técnica operacional da empresa na época da licitação.

O fiscal do contrato concordou com a dilação de prazo, devido à impossibilidade de se pintar a fachada sob chuva, mas negou o pagamento de custos administrativos oriundos da dilação de prazo. Quanto à impermeabilização, fez uma consulta à área técnica responsável pelo projeto básico, que informou que o serviço de impermeabilização estava dentro do limite percentual de 30% de subcontratação previsto no edital e que, apesar da comprovação de capacidade técnica operacional exigida no edital, o serviço não era relevante, podendo ser aceita a sua subcontratação. A respeito do caso hipotético apresentado acima, discorra sobre as seguintes ideias:

a) A justificativa da dilação de prazo é legalmente aceitável?

A princípio não ficou caracterizada a imprevisibilidade das chuvas, pois elas ocorreram em época chuvosa no ano. Só se justificaria uma dilação caso houvesse um atraso no processo licitatório, que tenha deslocado essas atividades para o período de chuvas, ou elas tenham sido acima da média histórica. Caso contrário, o pleito deve ser negado.

Porém, se o pleito de dilação de prazo é aceito, não se justifica o não pagamento dos custos administrativos oriundos da prorrogação do cronograma. O que se pode questionar é a quantificação desses custos. Alguns fiscais alegam que, como o pagamento da administração local é proporcional ao serviço executado, o período de paralisação não gera medição. Porém, a paralisação de uma obra traz custos adicionais para a empreiteira, que devem ser acrescidos ao contrato, pois não se pode confundir critério de medição com forma de quantificação de custos.

Apesar de haver um aumento de custos fruto da dilação de prazo, é inadequado quantificá-lo de forma proporcional ao aumento de prazo. Para o cálculo desse valor devem ser justificados os custos reais suprimidos dos custos oriundos de falhas de gerenciamento da empresa.

Não se aceitando a justificativa de dilação de prazo, a fiscalização deve iniciar um processo de aplicação de penalidade. Um cuidado importante é manter o contrato vigente durante toda a execução dos serviços, e para isso é necessário eventualmente aditar o contrato ampliando o prazo de vigência contratual, mas sem alterar o prazo de execução do objeto.

b) O parecer da equipe técnica sobre a subcontratação do serviço de impermeabilização está correto?

O edital deve prever limites para subcontratação, que no estudo de caso está fixado pelo edital em 30% do valor contratual. Mas, independentemente de previsão percentual no certame licitatório, não se deve permitir subcontratação de serviços que foram motivo de comprovação de capacidade técnica operacional, pois além de não atender o princípio da vinculação ao instrumento convocatório, a sua aceitação proporcionaria à contratada uma vantagem em relação aos demais licitantes, o que fere o princípio da isonomia.

A indústria da construção trabalha com diversas empresas de serviços especializados. Sendo assim, deve-se tomar cuidado ao criar tais restrições no edital, que muitas vezes podem desnecessariamente impedir possíveis subcontratações e trazer dificuldades para a fiscalização.

Se a área técnica considera o serviço de impermeabilização irrelevante, não poderia ser previsto na licitação comprovação de capacidade técnica operacional para ele. Tal exigência caracteriza uma ilegalidade no processo licitatório e por não ter dado causa à ilegalidade, a contratada deve ser ressarcida por todos os custos oriundos de uma possível nulidade do contrato, e o responsável pela exigência no edital deve responder processo administrativo disciplinar.

REFERÊNCIAS

BRASIL. *Lei nº 6.514, de 22 de dezembro de 1977*. Altera o Capítulo V do Título II da Consolidação das Leis do Trabalho, relativo a segurança e medicina do trabalho e dá outras providências. Brasília, DF: Presidência da República, 1977. Disponível em: http://www.planalto.gov.br/ccivil_03/leis/l6514.htm. Acesso em 30 mar.2022

BRASIL. Ministério do Trabalho e Emprego. *NR 18*. Condições e Meio Ambiente de Trabalho na Indústria da Construção. Brasília: Ministério do Trabalho e Emprego, 1978. Disponível em: https://www.gov.br/trabalho-e-previdencia/pt-br/composicao/orgaos-especificos/secretaria-de-trabalho/inspecao/seguranca-e-saude-no-trabalho/normas-regulamentadoras/nr-18-atualizada-2020-1.pdf. Acesso em: 30 mar. 2022.

BRASIL. *Portaria nº 3214, de 08 de junho de 1978*. Aprova as Normas Regulamentadoras do Ministério de Estado do Trabalho, no uso de suas atribuições legais, considerando o disposto no art. 200, da Consolidação das Leis do Trabalho, com redação dada pela Lei nº 6.514, de 22 de dezembro de 1977. Brasília, 1978. Disponível em: https://www.camara.leg.br/proposicoesWeb/prop_mostrarintegra;jsessionid=9CFA236F73433A3AA30822052EF011F8.proposicoesWebExterno1?codteor=309173&filename=LegislacaoCitada+-. Acesso em: 30 mar.2022.

BRASIL. *Lei nº 8.666, de 21 de junho de 1993*. Regulamenta o art. 37, inciso XXI, da Constituição Federal, institui normas para licitações e contratos da Administração Pública e dá outras providências. Brasília, DF: Presidência da República, 2016. Disponível em: http://www.planalto.gov.br/ccivil_03/leis/l8666cons.htm. Acesso em 30 mar. 2022.

BRASIL. *Lei nº 9.069, de 29 de junho de 1995*. Dispõe sobre o Plano Real, o Sistema Monetário Nacional, estabelece as regras e condições de emissão do REAL e os critérios para conversão das obrigações para o REAL, e dá outras providências. Brasília, DF: Presidência da República, 1995. Disponível em: http://www.planalto.gov.br/ccivil_03/leis/l9069.htm. Acesso em 30 mar. 2022.

BRASIL. Tribunal de Contas da União. *Decisão nº 215/1999*. Plenário. Relator: Ministro José Antônio Barreto de Macedo. Sessão de 12.05.1999. Disponível em: https://pesquisa.apps.tcu.gov.br/#/documento/acordao-completo/*/NUMACORDAO%253A215%2520ANOACORDAO%253A1999/DTRELEVANCIA%2520desc%-252C%2520NUMACORDAOINT%2520desc/5/%2520. Acesso em: 30 mar. 2022

BRASIL. *Lei nº 10.192, de 14 de fevereiro de 2001*. Dispõe sobre medidas complementares ao Plano Real e dá outras providências. Brasília, DF: Presidência da República, 2001. Disponível em: http://www.planalto.gov.br/ccivil_03/leis/leis_2001/l10192.htm. Acesso em 30 mar. 2022.

BRASIL. *Lei nº 10.520, de 17 de julho de 2002*. Institui, no âmbito da União, Estados, Distrito Federal e Municípios, nos termos do art. 37, inciso XXI, da Constituição Federal, modalidade de licitação denominada pregão, para aquisição de bens e serviços comuns, e dá outras providências. Brasília, DF: Presidência da República, 2002. Disponível em: http://www.planalto.gov.br/ccivil_03/leis/2002/l10520.htm. Acesso em 30 mar. 2022.

BRASIL. Tribunal de Contas da União. *Acórdão nº 749/2010*. Plenário. Relator: Ministro Augusto Nardes. Sessão de 14.04.2010. Disponível em: https://pesquisa.apps.tcu.gov. br/#/documento/acordao-completo/749/NUMACORDAO%253A749%2520ANOA-CORDAO%253A2010%2520COLEGIADO%253A%2522Plen%25C3%25A1rio%2522/DTRELEVANCIA%2520desc%252C%2520NUMACORDAOINT%2520desc/0/%2520. Acesso em: 30 mar. 2022.

BRASIL. *Lei nº 12.462, de 4 de agosto de 2011*. Institui o Regime Diferenciado de Contratações Públicas – RDC. Brasília, DF: Presidência da República, 2016. Disponível em: http://www. planalto.gov.br/ccivil_03/_ato2011-2014/2011/lei/l12462.htm. Acesso em 30 mar. 2022.

BRASIL. *Decreto nº 7.983, de 8 de abril de 2013*. Estabelece regras e critérios para elaboração do orçamento de referência de obras e serviços de engenharia, contratados e executados com recursos dos orçamentos da União, e dá outras providências. Brasília, DF: Presidência da República, 2013. Disponível em: http://www.planalto.gov.br/ccivil_03/_ato2011-2014/2013/decreto/d7983.htm#:~:text=DECRETO%20N%C2%BA%207.983%2C%20DE%208,Uni%C3%A3o%2C%20e%20d%C3%A1%20outras%20provid%C3%AAncias. Acesso em 30 mar. 2022.

BRASIL. Tribunal de Contas da União. *Acórdão nº 1977/2013*. Plenário. Relator Valmir Campelo. Sessão de 31.07.2013. Disponível em: https://pesquisa.apps.tcu.gov.br/#/documento/acordao-completo/*/KEY%253AACORDAO-COMPLETO-1280941/DTRELEVANCIA%2520desc/0/sinonimos%253Dfalse. Acesso em: 30 mar. 2022.

BRASIL. Tribunal de Contas da União. *Acórdão nº 2440/2014*. Plenário. Relator: Ministro Marcos Bemquerer. Sessão de 17.09.2014. Disponível em: https://pesquisa.apps.tcu.gov.br/#/documento/acordao-completo/*/NUMACORDAO%253A2440%2520ANOA-CORDAO%253A2014%2520COLEGIADO%253A%2522Plen%25C3%25A1rio%2522/DTRELEVANCIA%2520desc%252C%2520NUMACORDAOINT%2520desc/0/%2520. Acesso em: 30 mar. 2022.

BRASIL. Tribunal de Contas da União. *Acórdão nº 2056/2015*. Plenário. Relator: Ministro Augusto Nader. Sessão de 19.08.2015. Disponível em: https://pesquisa.apps.tcu.gov.br/#/documento/acordao-completo/*/NUMACORDAO%253A2056%2520ANOA-CORDAO%253A2015%2520COLEGIADO%253A%2522Plen%25C3%25A1rio%2522/DTRELEVANCIA%2520desc%252C%2520NUMACORDAOINT%2520desc/0/%2520. Acesso em: 30 mar. 2022.

BRASIL. Tribunal de Contas da União. *Acórdão nº 1639/2016*. Plenário. Relator: Ministro Benjamin Zymler. Sessão de 29.06.2016. Disponível em: https://pesquisa.apps.tcu.gov.br/#/documento/acordao-completo/*/NUMACORDAO%253A1639%2520ANOA-CORDAO%253A2016%2520COLEGIADO%253A%2522Plen%25C3%25A1rio%2522/DTRELEVANCIA%2520desc%252C%2520NUMACORDAOINT%2520desc/0/%2520. Acesso em: 30 mar. 2022.

BRASIL. *Lei nº 13.303, de 30 de junho de 2016*. Dispõe sobre o estatuto jurídico da empresa pública, da sociedade de economia mista e de suas subsidiárias, no âmbito da União, dos Estados, do Distrito Federal e dos Municípios. Brasília, DF: Presidência da República, 2016. Disponível em: http://www.planalto.gov.br/ccivil_03/_ato2015-2018/2016/lei/l13303. htm. Acesso em 30 mar. 2022.

BRASIL. *Lei nº 14.133, de 1º de abril de 2021*. Lei de Licitações e Contratos Administrativos. Brasília, DF: Presidência da República, 2016. Disponível em: http://www.planalto.gov. br/ccivil_03/_ato2019-2022/2021/lei/L14133.htm. Acesso em 30 mar. 2022.

CAIXA Econômica Federal. *SINAPI*: metodologias e conceitos: Sistema Nacional de Pesquisa de Custos e Indices da Construção Civil / Caixa Econômica Federal. 8. ed. Brasília: CAIXA, 2020.

CONFEA. *Resolução nº 1010, de 22 de agosto de 2005*. Dispõe sobre a regulamentação da atribuição de títulos profissionais, atividades, competências e caracterização do âmbito de atuação dos profissionais inseridos no Sistema Confea/Crea, para efeito de fiscalização do exercício profissional. Brasília, DF: Presidência da República, 2005. Disponível em: http://normativos.confea.org.br/Ementas/Visualizar?id=550. Acesso em 30 mar. 2022.

DNIT. Departamento Nacional de Infraestrutura de Transportes. Sistema de Custos Referenciais de Obras. SICRO. Disponível em: https://www.gov.br/dnit/pt-br/assuntos/planejamento-e-pesquisa/custos-e-pagamentos/custos-e-pagamentos-dnit/sistemas-de-custos/sicro. Acesso em 30 mar. 2022.

EXÉRCITO BRASILEIRO. Departamento de Engenharia e Construção (DEC) – *Obra no Aeroporto Internacional de Guarulhos*. Disponível em: http://www.eb.mil.br/o-exercito?p_p_id=101&p_p_lifecycle=0&p_p_state=maximized&p_p_mode=view&_101_struts_action=%2Fasset_publisher%2Fview_content&_101_assetEntryId=2295283&_101_type=content&_101_groupId=11425&_101_urlTitle=departamento-de-engenharia-e-construcao-dec-obra-no-aeroporto-internacional-de-guarulhos&inheritRedirect=true&fbclid=IwAR2Hh-zjpAB7JH0VIbuEBIS0904p1t9JKE-ZFVmcArSE4DB7yI2buHJ51sI. Acesso em 30 mar. 2022.

FGV. Fundação Getulio Vargas. *Índice Nacional do Custo da Construção*. Disponível em: https://portalibre.fgv.br/incc. Acesso em 30 mar. 2022.

LIBRAIS, Carlus Fabricio. *Produtividade da mão-de-obra no assentamento de revestimento cerâmico interno de parede*. São Paulo: EPUSP, 2002. 23 p. – (Boletim Técnico da Escola Politécnica da USP, Departamento de Engenharia de Construção Civil, T/PCC/316). Disponível em: http://www.pcc.usp.br/files/text/publications/BT_00316.pdf . Acesso em: 30 mar. 2022.

LIMMER, Carl Vicente. *Planejamento, orçamentação e controle de projetos e obras*. Rio de Janeiro:LTC, 1997.

PINI. *TCPO*. Disponível em: https://tcpoweb.pini.com.br/home/home.aspx. Acesso em 30 mar. 2022.

PMI. *Um guia do conhecimento em gerenciamento de projetos*. Guia PMBOK® 6. ed. Newtown Square:Project Management Institute, 2017.

Bibliografia sugerida

ALTOUNIAN, Cláudio Sarian. *Obras Públicas*: licitação, contratação, fiscalização e utilização. 5. ed. rev. atual. ampli. Belo Horizonte: Fórum, 2016.

ARAÚJO, L. O. *Método para previsão e controle da produtividade da mão-de-obra na execução de formas, armação, concretagem e alvenaria.* São Paulo: Dissertação (Mestrado), Escola Politécnica da Universidade de São Paulo, 2000.

DINSMORE, Paul Campbell; SILVEIRA NETO, Fernando Henrique. *Gerenciamento de projetos*: como gerenciar seu projeto com qualidade e custos previstos. Rio de Janeiro: Qualitymark, 2004.

FERNANDES, Jorge Ulisses Jacoby. *Lei nº 8.666/1993*: Lei de Licitações e Contratos Administrativos e outras normas pertinentes. 20. ed. rev. e atual. Belo Horizonte: Fórum, 2020.

FERREIRA, Miguel Luiz Ribeiro. *Gestão de contratos de construção e montagem industrial.* Niterói: EDUFF, 2004.

GÓMEZ, Luis Alberto; *et al. Contratos EPC*: Turnkey. Florianópolis: Visua Books, 2006.

HUMMEL, Paulo Roberto Vampré, PILÃO, Nivaldo Elias. *Matemática financeira e engenharia econômica*: a teoria e a prática da análise de projetos de investimentos. São Paulo: Cengage Learning, 2003.

JUSTEN FILHO, Marçal. *Comentários à Lei de Licitações e Contratos Administrativos*. 18. ed. São Paulo: Revista dos Tribunais, 2019.

LAPPONI, Juan Carlos. *Matemática Financeira*. 2. ed. Rio de Janeiro: Elsevier, 2014.

MEIRELLES, Hely Lopes. *Licitação e contrato administrativo*. 13. ed. São Paulo: Malheiros, 2002.

MENEZES, Luís César de Moura. *Gestão de projetos*. 2. ed. São Paulo: Atlas, 2003.

NOGUEIRA, Carnot Leal. *Auditoria de qualidade de obras públicas*. São Paulo: Pini, 2008

PADOVESE, Clóvis Luís. *Curso básico gerencial de custos*. São Paulo: Pioneira Thomson Learning, 2003.

PFEIFFER, Peter. *Gerenciamento de projetos de desenvolvimento*: conceitos, instrumentos e aplicações. Rio de Janeiro: Brasport, 2005.

POSSI, Marcos et al. *Gerenciamento de projetos guia do profissional*: volume 1: abordagem geral e definição de escopo. Rio de Janeiro: Brasport, 2006.

SOUZA, Ubiraci Espinelli Lemes de. *Como medir a produtividade da mão-de-obra na construção civil. artigo científico.* Departamento de Engenharia de Construção Civil da Escola Politécnica da Universidade de São Paulo. 1999.

TCU. *Licitações e contratos*: orientações e jurisprudência do TCU/ Tribunal de Contas da União. 4. ed. ed. rev. atual. e ampl. Brasília: TCU, Secretaria-Geral da Presidência: Senado Federal, Secretaria Especial de Editoração e Publicações, 2010.

WOILER, Samsão; MATHIAS, Wahington Franco. *Projetos*: planejamento, elaboração, análise. São Paulo: Atlas, 1996.

Esta obra foi composta em fonte Palatino Linotype, corpo 10
e impressa em papel Pólen Bold 70g (miolo) e Supremo 250g (capa)
pela Paulinelli Serviços Gráficos.